【人生在世，吃喝二字】

千古食趣

你吃的不僅是美食，
還是一段歷史和故事

古有李漁《閒情偶寄》、袁枚《隨園食單》
近代有梁實秋《雅舍談吃》、唐魯孫《什錦拼盤》
今有《千古食趣》，品八方美食，談百味人生

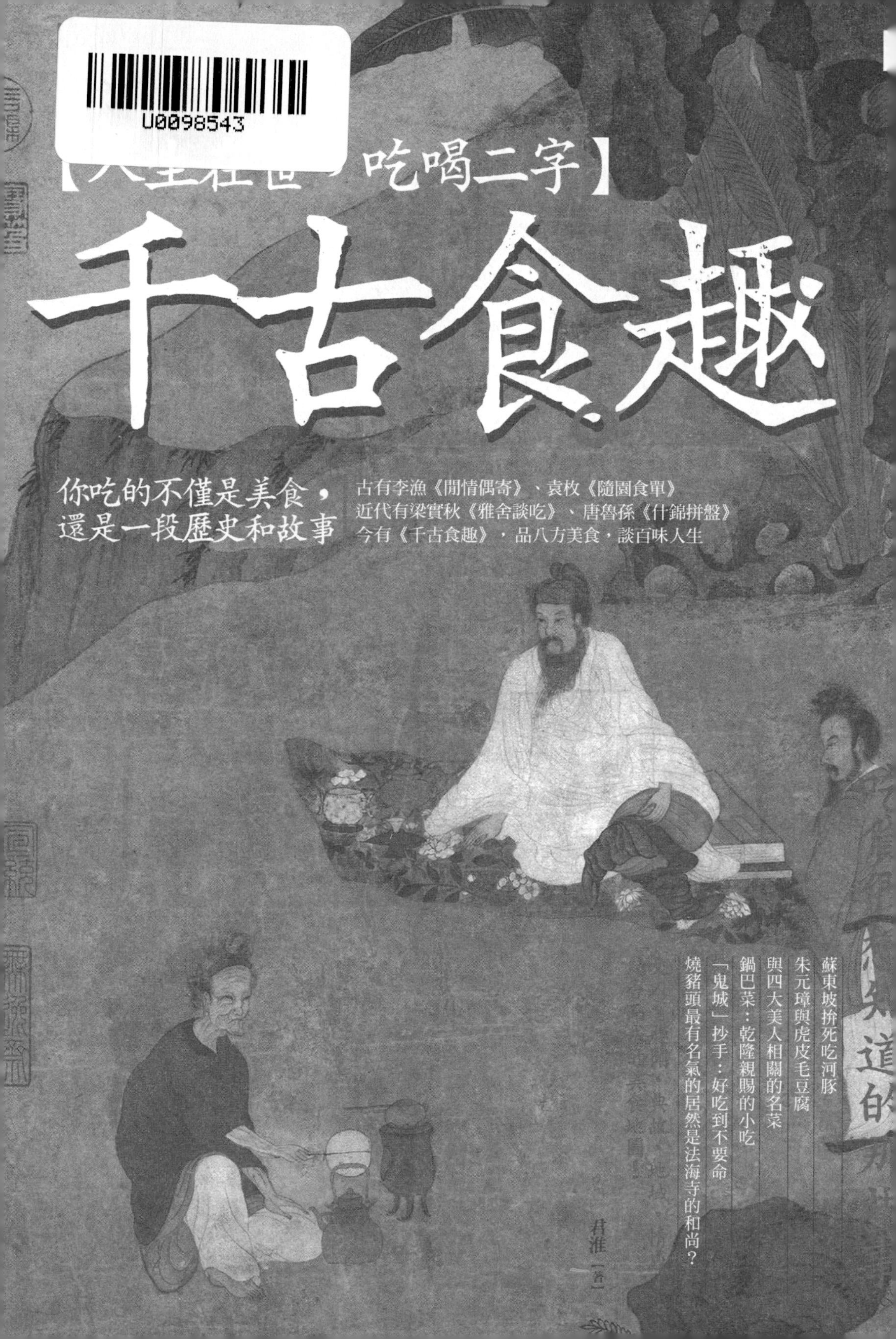

蘇東坡拚死吃河豚
朱元璋與虎皮毛豆腐
與四大美人相關的名菜
鍋巴菜：乾隆親賜的小吃
「鬼城」抄手：好吃到不要命
燒豬頭最有名氣的居然是法海寺的和尚？

君淮 著

前言

一個老外發誓在一年內吃遍全中國的菜！然而五年過去了，他還在成都……

作為世界文明古國，中國飲食的歷史幾乎與中國的文明史一樣長。中國人會吃，也講究吃，很早我們就有「禮樂文化始於食」、「民以食為天」的觀念，進而囊括了禮儀、技藝、營養等多方面文化，僅僅在菜餚上便形成了「觀色、品香、嘗味、賞形」的藝術，可謂博大精深。

吃，是人生一大樂事，也為人類的生活所必需。從古到今，文人雅士吟誦飲食的辭章浩如煙海，古有李漁《閒情偶寄》、袁枚《隨園食單》，近代有梁實秋《雅舍談吃》、周作人《知堂談吃》……這些文字構成了永不散席的飲食文化閱讀盛宴。

「養生之道，莫先於食」，飲食是人類維持生命最基本的保障，瞭解全面的飲食文化更是一個人想要活得健康愉快、充滿活力和智慧的有力法寶。本書是一本全面介紹中國飲食文化的通俗讀物，以飲食為寫作的緣起，進而用文化俘獲讀者的心，在杯盤碗盞、觥籌交錯之外，歷史、人物、情感、地域無所不包，使讀者在閱讀飲食文字的同時領略廣博的文化視角以及獨特的心理體驗。

本書的特點是將飲食文化和歷史傳統、地域風物、人物事件共冶一爐。它既可為有志於烹飪專業及其他相關專業的初學者所用，也可為普通百姓增添飯後話題，還可為廣大的中外飲食愛好者提供參考。總之，願你在本書的帶領下大快朵頤，體味食趣的同時，也能獲得相關的資訊。

目錄

第二章　古今佳餚來一口，好滿足

第三章　小吃名點路邊攤，暢快吃風味

第四章　嘗鮮美食地圖，來一遍

第五章　有關食物的八卦，看餓了

第六章　節令佳節這樣吃，沒白過

第一章

美食名家私房菜，重口味

食物是過往歲月的一把鑰匙，有了它們，我們就和那些名家大師之間搭上了「橋」。董小宛、蘇東坡、梅蘭芳……窺探他們的廚房，細數他們的口味，濃濃煙火氣息中，他們的吃貨本色一覽無餘——這，才是真實的他們。

斬魚丸：秦始皇御膳

浙江菜裡有一道名品「斬魚丸」，又叫「燒魚丸」。這道菜看似平常，民間卻常把它列入盛大宴席上的重頭戲，是為何緣故呢？

話說秦始皇一統天下之後，生怕六國後裔造反，於是採取了許多集權中央的政治措施，有效地鞏固了自己的統治地位。他還想長生不老，永遠地穩坐龍庭，於是讓方士仙長們四處找尋靈丹妙藥。始皇平時特別注重保健養生，御廚們知道他很愛吃魚，卻又忌諱多多，製作的魚饌稍有令他不滿意的地方，便會遭殺頭大禍。

有一天，秦始皇傳命楚國名廚為他做一道魚菜。廚師害怕極了，因為前一時期，秦始皇在出巡南方的途中遭襲，刺客中就有楚國人，為此有不少楚人枉受株連送了性命。萬一魚餚有欠佳處，廚師心想，自己定會性命難保。無奈始皇派人連連催菜，廚師在驚懼惶恐中，不慎用刀力量大了些，以至整個鮮魚一截為二。廚師無奈，只好一不做二不休，用刀背狠狠拍擊魚身，連骨頭、魚刺盡數脫離出魚肉。就這樣，經反覆加工，廚師製成一顆顆的魚肉丸子，又投進豹胎湯裡煮透。潔白晶瑩、鮮嫩味美的魚丸入碗，奉獻於始皇面前。

秦始皇吃了非常高興。以前他吃到了魚刺，就說廚師有意戳破他的喉嚨；如果他吃到口中的魚肉酥爛了，又說廚師詛咒他碎屍萬段。這一回品嘗到別開生面的魚丸，才算開心了。歪打正著的「斬魚丸」，讓御廚間的楚國廚師逃過一劫，還得到許多賞賜。

從那時起，「魚丸」成了秦始皇宮廷膳食中很受器重的名饌。只因皇上忌諱「丸」的諧音「完」，又下令改稱「魚圓」。這道魚餚傳到杭州地方，名廚們選用西湖特產的鮮魚精心製作，再添上好些山珍海味作搭配，味道顯得更為獨到，至今仍為「杭菜」中的佼佼者之一。

甫里鴨羹：陸龜蒙首創

據史料記載，甫里因為是魚米之鄉，經濟繁榮，唐時，許多文人墨客隱居在這裡，其中最著名的詩人要數陸龜蒙了。陸龜蒙是晚唐著名詩人，自號「江湖散人」，又號「甫里先生」。相傳，吳中名菜「甫里鴨羹」就是這位著名的文學家所創製的。

甫里就是現在的蘇州用直鎮，是蘇州著名的小橋流水、枕河人家的水鄉。它位於蘇州城東南二十五公里的地方，方圓一平方公里，曾是吳中一個大鎮。歷史上甫里是個文化發達的古鎮，唐代古剎保聖寺就在此處。

陸龜蒙平時非常喜歡鴨子，並飼養了一大批鴨子。陸龜蒙養鴨除了獲得群鴨戲春波的詩情畫意外，還有另外兩個目的：一是喜愛當時當地盛行的「鬥鴨」遊戲，為此專門在寓所附近建了一個砌以青石的「鬥鴨池」，池中築有清風亭，有磚砌的小橋通東西兩岸，名叫垂虹橋；二是為了品嘗鴨子的鮮香美味。

陸龜蒙不僅鴨子吃得多，也很擅長製作鴨菜，特別是鴨肉鮮羹做得好。有一次，唐代著名詩人皮日休來訪。他下廚親自做鴨肉鮮羹款待，皮日休吃得津津有味，食欲大開，便詢問這一羹餚的名稱。陸龜蒙隨口戲說：「此乃甫里鴨羹也。」自此，「甫里鴨羹」也就很快在用直鎮上傳開，成為鎮上經久不衰的特色名菜，並且還傳到蘇州城裡，成為各大菜館的名餚。

至今在用直鎮還有陸龜蒙「鬥鴨池」的遺跡可尋，而甫里鴨羹在歷代廚師的完善下，滋味更加鮮美。它以鮮香的鴨肉，配以火腿、蹄筋、干貝、開洋、筍乾、香菇、魚圓等多種高檔輔料精製而成。此羹燴成，湯汁濃稠、酥爛味鮮、營養豐富，有開胃增食的功效，老弱婦幼，無不相宜，堪稱吳中一大美食。

五柳魚：杜甫烹製

中國名菜中有不少與名人有關，如東坡肉、左宗棠雞等，當事人多為美食家。而河南大詩人杜甫與四川名菜五柳魚的關係卻很特別，它是詩聖在不經意間「一不留心」發明的一個傑作，堪稱「無心插柳柳成蔭」的典範。

杜甫晚年在成都逗留期間，正逢「安史之亂」，眼看一時不能重返中原，只好在成都浣花溪畔建起一座簡陋的草堂——其實就是一間茅草屋——安頓下來。他在此寫出大量佳作，草堂成了這位詩聖的「創作基地」。年過半百的杜甫一度經濟拮据，生活十分清苦，常以青菜草果度日，當地人便叫他「菜肚老人」。茅屋亦不時為大風吹破，但杜甫卻牽掛天下「寒士」。

當然詩人也有高興的時候，一天杜甫邀幾個朋友來草堂吟詩作賦。談笑間不覺到了中午，他發起愁來：眼看要用午餐了，廚房卻沒有什麼好菜，拿什麼來款待自己的客人呢？著急間，正好家人從門前的浣花溪裡逮住一條大魚進來，杜甫心想，今天就請大家品嘗這條魚吧！

杜甫接過魚，吩咐家人去打酒，想親手來烹製。朋友們見他要親自下廚做魚，不覺驚呼道：「堂堂杜大詩人還會烹魚，真乃天下奇事矣！」杜甫只好笑道：「等著瞧，我今天就給諸位烹出一道美味來。」他進廚房將魚開膛破肚清洗好，就將魚和佐料像往常一樣放鍋裡蒸。他心裡想，今天文友光顧，不能太隨意了，發現身邊還有幾樣青菜，便別出心裁取來薑、蔥、泡辣椒、離筍、冬筍，分別將之切成細條，猶如柳絲，待魚蒸熟後均勻撒上，又將甜麵醬調成汁燒熱後澆在魚上。

見杜詩人把魚端上桌來，客人便爭著伸筷品嘗，只覺味道鮮美，不禁異口同聲大為讚歎，還紛紛好奇地問杜甫：「此魚名何？」杜甫雙手一攤呵呵大笑，於是大家嚷著要為其起個好名字。有的說「叫浣溪魚吧」，有的道「稱老杜魚最合適」，杜甫見大夥如此讚歎，也就沉吟道：「這樣吧，陶淵明是我敬佩的先哲，吾素慕『五柳先生』之人品，此魚覆有五種青絲，均似柳葉，不妨就叫『五柳魚』吧！」大夥覺得此名起得頗具詩意，不禁拍手稱讚。這就形成一段「五柳魚」的佳話，又憑藉杜甫的「名人效應」，一傳十、十傳百，逐漸成了成都坊間的一道名菜。

如今的川菜廚師在古老傳說的基礎上傳承發展，施以精湛刀技，又增添火腿、雞肉、香菇等輔料，製成著名的「白汁五柳魚」，被視為川菜一絕。白汁五柳魚色澤美觀，外酥裡嫩、鮮嫩清香，不僅營養豐富，還有清熱化痰、利氣寬胸之功，乃色香味俱佳的川中佳餚！

東坡肉：美食家蘇東坡

北宋著名文學家蘇東坡，不僅是文豪，還是一位赫赫有名的美食家。許多美食經他品嘗後，由他妙筆生花地評點，以他的名字作為菜名而名揚千古。

蘇東坡非常愛吃春季裡的野菜蘆蒿（又名蔞蒿、藜蒿）。一〇八四年，蘇東坡被宋神宗派往汝州任職，他特地取道今天的南京品嘗蘆蒿，後來，蘇東坡多次路過南京，只要有機會就去食蘆蒿，他對這種香嫩鮮脆，具有清火化淤功效的野菜極為讚賞，曾賦詩云：「初聞蔞蒿美，初見新芽赤。」

蘇東坡在〈惠崇春江晚景〉中也念念不忘蔞蒿，詩云：「竹外桃花三兩枝，春江水暖鴨先知。蔞蒿滿地蘆芽短，正是河豚欲上時。」

說起蘇東坡與美食最有名的當然首推家喻戶曉的「東坡肉」。東坡謫居黃州時嗜食豬肉，並逐漸摸索了一套獨特的烹飪方法。他在〈食豬肉〉裡寫道：「淨洗鐺，少著水，柴頭罨煙焰不起。待他自熟莫催他，火候足時他自美。」這也許就是最初燒製「東坡肉」的方法吧。

後來，他去杭州做官，傳說因他為官清廉，深受百姓愛戴，過節時，當地百姓送他許多豬肉。而他卻把五花肉切成大塊，加蔥、薑、醬油、料酒，慢火細燜，煨製成酥香味美、肥而不膩的紅燒肉，分與每戶，獲得了很大聲譽。從此民間便把這種紅燒肉命名為「東坡肉」，成為傳統的名菜，與蘇氏的詩詞、品格一同流傳至今。

就是蘇東坡流傳下來的詩文中，不僅對豬肉的獨特烹製有著筆，而且對各種蔬菜的做法也多有記載。如他寫道「地碓舂粳光似玉，沙瓶煮豆軟如酥」，這是對豆粥的描述。有關應時的春菜，他寫道：「蔓菁縮根已生葉，韭菜戴土拳如蕨。爛蒸香薺白魚肥，碎點青蒿涼餅滑。」這其中他寫了三種菜：一是「蔓菁」，又叫「蕪菁」，可以鮮食或鹽醃；二是「香薺」就是薺菜，薺菜蒸白魚；三是「青蒿」，又叫「香蒿」，可以入藥，與麵製成「青蒿涼餅」，香滑可口。

他還寫道：「芥藍如菌蕈，脆美牙頰響。」形容芥藍有香蕈的鮮美味道。

還有「東坡羹」。他有詩云：「誰知南嶽老，解作東坡羹。中有蘆服根，尚含曉露清。勿語貴公子，從渠嗜膻腥。」「東坡豆苗」。東坡曾寫「豆莢圓而少，槐芽細而豐，點酒下鹽酸，縷橙莛薑蔥」。把豆苗嫩葉摘洗乾淨，用香油炒熟，放鹽、醬、橙皮、薑和蔥花，便是下酒的好菜。

另外，還有「東坡魚」、「東坡豆腐」、「東坡玉糝羹」。

東坡美味有一個顯著的特點，即用料不多，加工不繁，粗中見細，化俗為雅。再加上東坡精美的詩文記載，更是增添情趣。

陸游：會吃又會做

陸游不僅是南宋著名的詩人，還是一位精通烹飪的專家。在他的詩詞中，詠歎佳餚的詩作足有上百首，還記述了當時吳中（今蘇州）和四川等地的佳餚美饌，其中有不少是對於飲食的獨到見解。

陸游的烹飪技藝很高，常常親自下廚掌勺。有一次，他就地取材，用竹筍、蕨菜和野雞等物，烹製出一桌豐盛的佳宴，吃得賓客們「捫腹便便」，讚美不已。他對自己做的蔥油麵也很自負，認為味道可與神仙享用的「蘇陀」（油酥）媲美。他還用白菜、蘿蔔、山芋、芋艿等家常菜蔬做甜羹，江浙一帶居民爭相仿效。

陸游的《洞庭春色》一詞中，有「人間定無可意，怎換得玉膾絲蓴」的句子，這「玉膾」指的就是隋煬帝譽為「東南佳味」的「金齏玉膾」。「膾」是切成薄的魚片；「齏」

就是切碎了的醃菜或醬菜，也引申為「細碎」。「金齏玉膾」就是以鱸魚為主料，拌以切細了的色澤金黃的花葉菜。「絲蓴」則是用蓴花絲做成的蓴羹，也是吳地名菜。

陸游的詩詞中，記錄他會做飯（麵）菜（羹）的詩句有「天上蘇陀供，懸知未易同」，即是說自己用蔥油做成的麵條，味美得如同天上的蘇陀（即油酥）。他在《山居食每不肉戲作》的序言中記下了「甜羹」的做法：「以菘菜、山藥、芋、菜菔雜為之，不施醯醬，山庖珍烹也。」並詩曰：「老住湖邊一把茅，時話村酒具山餚。年來傳得甜羹法，更為吳酸作解嘲。」由此可見，陸游很會烹飪，且愛烹飪。

正是因為陸游欣賞這些家鄉名菜名點，所以當他宦遊蜀地之時，不時會透過懷念家鄉菜餚來抒發他的戀鄉之情，寫出了「十年流落憶南烹」的詩句。

陸游曾長期在四川為官，對川菜興味濃厚。唐安的薏米，新津的韭黃，彭山的燒鱉，成都的蒸雞，新都的蔬菜，都給他留下了難忘的印象，離蜀多年後還念念不忘。晚年曾在〈蔬食戲作〉中詠出「還吳此味那復有」的動情詩句，在〈飯罷戲作〉一詩中，他說：「東門買彘骨，醯醬點橙薤。蒸雞最知名，美不數魚鱉。」「彘」即「豬」，「彘骨」是豬排。排骨用加有橙薤等香料拌和的酸醬烹製或蘸食，味美至極。此外在詩中稱道了四川的韭黃、粽子、甲魚羹等食品。

陸游到了晚年，基本吃素，他認為吃素既節儉，又可養生。他喜愛的素菜如白菜、芥菜、芹菜、香蕈、竹筍、枸杞葉、菰、豆腐、茄子、薺菜等。他還親自種菜，而且幾乎與葷菜絕了緣。他自謂這樣節約，「不為休官須惜費」，「從來簡儉是家風」。何況「鄰家稗飯亦常無」，自己這樣吃蔬食，也可「使胸中無愧怍」，一餐美敵紫駝峰」。他尤其嗜食薺菜，常常吃得不肯甘休。此外，他對薺菜的做法也很講究，主張採來便煮，確保新鮮，不加鹽酪，突出真味。在評價薏米時，陸游有詩句云：「初游唐安飯薏米，炊成不減雕胡美。大如芡實白如玉，滑欲流匙香滿屋。」把大如芡實（雞頭肉）的薏米其白、滑、香的特點都寫得非常生動。

陸游認為吃粥可以強身益氣，延年益壽，他在〈食粥〉詩中寫道：「世人個個學長年，不悟長年在目前。我得宛丘（仙人名）平易法，只將食粥致神仙。」他之所以能夠活到八十多高齡，恐怕與他吃粥與晚年基本吃素有一定的關係。陸游還提倡鄉土風味，如「鱸肥菰脆調羹美，麥熟油新作餅香。自古達人輕富貴，倒緣鄉味憶回鄉。」又如「祖國山河無限好，家鄉父老不患貧。淡雲出岫發何日，也味爭如鄉味醇。」這是有道理的。

陸游既精通吃，又善烹飪，而且懂得食療對健康的作用，可以說是中國歷史上難得的美食家。

簡約派美食家：李漁

李漁，清代著名戲曲理論家，字謫凡，號笠翁。李漁雅擅藻翰，通曉音律，不僅在小說、戲劇創作方面有豐碩的成果，尤其在戲曲理論方面有極深的造詣，今人譽之為「東方莎士比亞」，而且他在飲食方面也有許多精闢獨特的見解。

李漁的飲食觀集中在《閒情偶寄》一書中。與別的美食家不同的是，李漁既不像袁枚那樣精於美食，也沒有記載很多的美味佳餚。值得稱道的是他對飲食方面過人的見解：重蔬食、崇儉約、尚真味、主清淡、忌油膩、講潔美、慎殺生、求食益。

重蔬菜。李漁提出「肉不如蔬」。李漁認為蔬菜之美體現在清、潔、芳馥、鬆脆上。他說：「聲音之道，絲（弦樂）不如竹（管樂），竹不如肉（歌喉），為其漸近自然。吾謂飲食之道，膾不如肉，肉不如蔬，亦以其漸近自然也。」

崇簡約。李漁所述食譜，幾無山珍海味可言。他認為：「食不多味，每食只一二佳味即可，多則腹內難於運化。若一飯包羅數十味於腹中，而物性既雜其間豈可無矛盾也。」

尚真味。李漁用膳講究物鮮質純，不加配料，保存其自身原有的風味。

主清淡。「饌之美，在於清淡，清則近醇，淡則存真。味濃則真味常為他物所奪，失其本性了。五味清淡，可使人神爽、氣清、少病。五味之於五臟各有所宜，食不節必至於損：酸多傷脾，鹹多傷心，苦多傷肺，辛多傷肝，甘多傷腎。」李漁的這一飲食主張，完全符合現代烹調之理。

忌油膩。李漁認為，油膩能「堵塞心竅，竅門既堵，以何來聰明才智」？此話今天看來未必科學，然而過食油膩食物與肥胖症、冠心病、高血壓密切相關，這一點已被現代醫學所肯定。

講潔美。《閒情偶寄》有云：「施之蔬菜瓜果，摘之務鮮，洗之務淨，而每食菜葉之類，必須白綠鮮嫩。」這些與我們今天的食品衛生標準倒有幾分相似。

慎殺生。李漁講的慎殺生，非佛門的戒殺，而有儒家「遠庖廚」的仁心。他認為凡是與人有功的牲畜應儘量不殺、忌食，其餘飛禽走獸等須謹慎。

求食益。用今天的話來說，就是要注重營養價值。李漁認為，米養脾、麥補心，應兼食補充，各取所長；為使飲饌得益，飲食不可過多、過速；飲食時要注意情緒心境，大悲大怒時不可食。

這麼全面、系統、深刻，既有先進的理念，又有獨到的實踐體會，這是一般美食家難以企及的。更何況這些基本上都是很符合現代科學精神的，實在難能可貴。

李漁不僅懂美食，而且能創美食。他手創的「五香麵」與「八珍麵」，至今廣受歡迎。「五香麵」與「八珍麵」的烹製方法在《閒情偶寄》中有精彩的描述：所謂「五香」，那是醬、醋、椒末、芝麻屑以及焯筍、煮蕈、煮蝦的鮮汁，合為五香。先以椒末、芝麻屑二物拌入麵粉中，後以醬、醋、鮮汁三物和為一處，以此作拌麵之水。拌時需極均勻，麵皮極薄，切成的麵條越細越好，然後以滾水下之，其精美之物盡在麵中，食時任你咀嚼，其風味與平常的麵條大不相同！

再說「八珍麵」，它的製作是取雞、魚、蝦三物之肉晒至極乾，與鮮筍、香蕈、芝麻、花椒四物共研成極細之末，和入麵，與鮮汁共為八種，故稱「八珍」。在製作「八珍麵」的時候，需注意的是，雞、魚之肉，務取其精，稍帶肥膩者是不能用的，因為麵粉和油即散，難免切不成絲。至於鮮汁，不能用煮肉之湯，而須用筍、蕈、蝦汁，這也是為了忌油的緣故。

真虧李漁這個「饕客」想得出來，即使一般官宦人家恐怕也難做得出來，更別說平民百姓了。嚼這樣別致的麵條，品味這樣精緻的美食，該是怎樣一種美的享受，恐怕就不是一般人所能想像的了。

董菜：巧奪天工萬種情

董小宛名白，一字青蓮，別號青蓮女史，又名宛君，金陵（現南京）人。崇禎十五年（一六四二年），這位「金陵八豔」才女委身冒辟疆為妾，棲隱如皋水繪園。

董小宛是一位技藝高超的家廚，她所烹製的菜餚不僅注重香、味等內在品質，也重視成菜的外觀和顏色，一些極普通的素菜，在她的精心選料和搭配下，不論是蒲藕蘆蕨，還是枸蒿蓉菊，都能「芳旨盈席」。史載董小宛自製食品「醉蛤如桃花，醉鱘骨如白玉，油鯧如鱘魚，蝦松如龍鬚，烘兔酥雉如餅餌」。冒辟疆在《影梅庵憶語》中也盛讚夫人的手藝：「火肉久者無油，有松柏之味；風魚久者如火肉，有麂鹿之味。」火肉就是火腿。由於製作得法巧妙，吃起來既保健，又別有風味，時人譽為「董菜」。

在董小宛所著《奩豔》中，所記「菜譜」猶如「詩訣」。比如：「雨韭盤烹蛤，霜葵釜割鱔；生憎黃齏賤，溺後白蝦鮮。」這是說，文蛤乃天下第一鮮，但其爆炒時選用的配菜，以雨後嫩韭為最佳。李時珍稱韭菜「乃菜中最有益者」。俗諺「小暑黃鱔賽人參」。但是「小暑」時節有限，為不失「賽人參」的滋味，董小宛承襲了蘇州名餚「炒鱔糊」的特點，選擇了經過霜打過的葵菜，並且乾藏四季備用。至於白蝦，雖屬南黃海一鮮，但要挑清明節前所產，生熗後淋上陳元酒，方能「腥中滲香」，還略帶黃齏的酥脆感。

「魚（余）肚（杜）白雞」為「董菜」的又一力作。當年董小宛求教於余淡心、杜茶村、白仲調三位名廚，按照他們的指點選定新生母雞，脫骨後填入魚肚，用炒鍋久燉後，湯清如水，色白呈素，其口感濃郁，雞鮮嫩，肚糯膠，頗具揚州風味。曾有諧詩云：「余子秦淮收女徒，杜生步武也效尤。白君又把尤來效，不道今日總下鍋。」

跑油肉是董菜中鼎鼎大名之作。選擇肥瘦均勻的帶皮肋條豬肉，刮洗乾淨，切成長方形塊子，入開水鍋，加蔥薑黃酒煮片刻，取出，漂洗，再入鍋煮至八成熟，揩乾淨水分，趁熱將皮抹上糖色，進八成熟的花生油內煎炸，待肉皮起泡，呈紅色時取出冷卻，改切薄片，要求每片半公分厚，長一寸半，寬一寸，置於大碗內，加黃酒、醬油、糖、蔥、薑適量，上籠蒸得酥爛。挑出蔥薑，潷出湯汁，扣於盤內。將湯汁濃縮，勾芡澆於肉面，盤周圍上爆炒的豌豆苗或綠色蔬菜。其肉色澤似虎皮，質地酥爛，醇香味美，俗稱虎皮肉，又稱「董肉」。

《淮揚拾遺》中記述抗清名將史可法這樣評述「董肉」：「肥而不膩，鹹中滲甜，酒味馨香，虎皮縱橫。」這位水繪園的座上客品嘗後讚不絕口。

董小宛天資聰穎，又好學、善學，她仔細考證食譜，偶遇名廚奇異的烹飪方法，就虛心求教，然後又以她的聰明加以精巧的變化做出來。所謂「董菜」，實質就是經過董小宛妙手改造加工過的鄉土名菜。它不僅要求炒、燒、溜、炸、爆、煮、熬、燜、煨等恰到好處，還結合川菜、粵菜、淮揚菜的眾長，選料配方十分考究、嚴格。這位一代才女，曾以「善作海疆風爊之味」而名噪一時，大文人、禮部侍郎錢謙益曾以詩贊曰：「珍餚品味千碗訣，巧奪天工萬種情。」

附：

董糖是董小宛製作的零食小吃的代表作。以上等白麵、純淨飴糖、去皮芝麻、花生仁、椒鹽、玫瑰、桂花等製作成色白微黃的酥糖，切成小塊，入口易化，老少咸宜，食之滿口生香，食後回味久長。據說，一次史可法路過如皋造訪水繪園，女主人特地拿出銀鍋、銀鏟親自操作，精心製作出一塊塊獨特風味的酥糖款待貴賓，並多做了兩箱酥糖請客人帶回去犒勞將士。這位抗清名將連連謝道：「此去揚州，如能獲勝，我一定派人來學做此糖，取名董糖，遍饗全軍。」「董糖」之名，蓋源於此。清《崇川咫聞錄》云：「其精美，首推董糖。董糖，冒巢民妾董小宛所創。」

隨園菜：私廚王小余

隨園菜，為清末才子袁枚私家所創，因袁枚私家園林名「隨園」而得名。袁枚在隨園創造了中國烹飪史上的兩個奇蹟：一是創造了隨園菜；二是寫出了《隨園食單》，系統論述了中餐烹飪技術要素。袁枚在烹飪上的成就，離不開他的家廚王小余。王小余身懷絕技，烹飪出的菜餚「聞其臭香，十步以外無不頤逐逐然」。有了這兩位的配合，美味佳餚自然層出不窮，加上隨園「除鮮肉、豆腐須外出購買外，其他無一不備」，所以，不管是鰱魚豆腐、家常煎魚、芋煨白菜、煨三筍，還是素燒鵝、鱔絲羹、青鹽甲魚等，其用料之精、味道之美、技藝之高，獨步南京烹壇。

王小余對烹飪技藝頗有研究，曾發表過一系列高見，這些技術上的真知灼見，對袁枚影響很大，《隨園食單》有很多篇幅得力於王小余的見解。袁枚喜歡王小余，對他的要求也很嚴格。王小余在袁家司廚十年，選料「必親市場」，掌火「雀立不轉目」，調味「未嘗見染指之試」，所以王小余去世後，袁枚思念不已，「每食必為之泣」，情之所動，寫下了《廚者王小余傳》，成為目前中國唯一能見到的古代廚師傳記。

王小余是一位有個性的廚師。事實上，中國古代的廚師，社會地位是很低下的，但王小余不貪財，有想像力，而且有自己的獨立思想。

有一次，有人問王小余：「你一身好手藝，幹嘛不跳槽找個有錢人家？」王小余回答：「知音難尋哪！」由此可見，王小余很重情義。相傳乾隆皇帝吃過王小余做的一道豆腐，非常喜歡，就把他帶去了京城。王小余做了幾年御廚後，還是執意要回隨園。乾隆皇帝很不捨，提出讓王小余為他做最後一餐。

那天晚宴的最後一刻，王小余親手捧出了一道湯。乾隆一喝，鮮美無比，想不到世上竟然還有如此美味，於是問王小余：「此湯如此鮮美，有什麼祕訣？」王小余回答：「不放鹽。」乾隆不解。王小余說：「上菜先上口味重的，人越吃口味就越輕，菜就要逐漸減淡，所以到最後，這口湯就不再放鹽。人生也是如此，從年輕時的壯懷激烈，中年時的沉穩老練，最後到了老年，一切都歸於平淡，就像這碗不放鹽的湯。」

小余藉飲食喻人生，讓乾隆感慨萬分。

宮保雞丁：紀念丁寶楨

「宮保雞丁」是川菜中的傳統名菜，由雞丁、乾辣椒、花生米等炒製，色澤誘人，肉嫩味美，醇香適口，很受歡迎。有些餐館的菜單上寫成了「宮爆雞丁」，其實這是一種誤解，沒有弄清楚「宮保雞丁」的由來。

據傳，「宮保雞丁」這道菜和清朝重臣丁寶楨有著直接關係。丁寶楨原籍貴州，喜歡吃雞和花生米，尤其喜好辣味。他在山東任職的時候，常命家廚製作「醬爆雞丁」等菜，友人食後，大呼開胃！但那時此菜還未出名。後來丁寶楨調任四川總督，這道菜幾經改良，嫩雞肉加上紅辣椒、花生米下鍋爆炒，肉嫩味美，令人食之難忘。這道美味本來只是丁家的「私房菜」，後來越傳越廣，盡人皆知。

但是它為什麼被命名為「宮保」呢？

所謂「宮保」，其實是丁寶楨的榮譽官銜。明清兩代各級官員都有「虛銜」，高級的虛銜有「太師、少師、太傅、少傅、太保、少保、太子太師、太子少師、太子太傅、太子少傅、太子太保、太子少保」。這些虛銜都是封給朝中重臣的，沒有實際的權力，有的還是死後追贈的，通稱為「宮銜」。

在咸豐以後，虛銜不再用「某某師」而多用「某某保」，所以這些虛銜又有了一個別稱——「宮保」。

丁寶楨治蜀十年，為官剛正不阿，多有建樹，於光緒十一年死在任上。清廷為了表彰他的功績，追贈「太子太保」。如上文所說，「太子太保」是「宮保」之一，於是他發明的這道菜由此得名「宮保雞丁」，也算是對這位丁大人的紀念了。

譚家菜：譚延闓雅食為樂

譚延闓是二十世紀早期中國政壇一位集士子、官僚、政客、書家於一身的風雲人物。世人對他褒貶不一，有人稱他為「民國完人」，說他是「休休有容，庸庸有度」的大政治家；有人稱他為「黨國柱石」、「藥中甘草」，也有人說他是八面玲瓏「水晶球」、「伴食畫諾的活馮道」。但不可否認，譚延闓對飲饌之學有著深厚的造詣，他調製和品嘗的菜後來在民間廣為流傳，人們稱這些菜為「譚家菜」。

譚延闓好吃，而且以雅食為樂。他有自訂的食譜，比如大白菜只吃當中的嫩心，每天伙房得從一筐白菜裡削出心來供給他；還有鴨舌，也是他的喜歡之物。

譚延闓還愛吃狗肉，同時也是狗肉宴上的常客，曾作打油詩頌揚道：「老夫今日狗宴開，不料諸君個個來；上菜碗從頭頂過，提壺酒向耳邊篩。」詩句雖粗俗，卻把吃狗肉的熱鬧場面亮相在世人面前。

因為譚延闓食不厭精，家裡雖然請了許多名廚，卻仍有滿足不了他的時候，後來就只好偶爾自己親自下廚，與廚師一道鑽研菜品，以飽口福。有一次，譚延闓嫌廚師菜切得不對，反覆解說仍不如願，遂自行操刀示範。但他於美食之道雖天分很高，基本功畢竟不扎實，一刀下去，切傷了左手手指，他又不肯服氣，忍痛換右手執刀再來，結果又切傷了右手指頭。

次日有一公函需發給胡漢民，按譚延闓的往常習慣，一應書箚概由親筆，這一次雖傷了手，也不肯例外，勉強捉筆為之。胡漢民也是書法大家，接函後頓為之色變，閉門不出達數日。譚延闓等回函等得焦急，只好差祕書去問。原來胡漢民一直關在家裡揣摩那函上譚延闓的字，揣摩來揣摩去也不得要領，見譚延闓祕書來了，胡漢民先偷偷地問老譚近日在研習哪位古之大家的帖，是蘇東坡還是王羲之，如何那凝重之中，突生出一股輕飄飛揚來了。待祕書告知實情，胡漢民氣得把那公函往地上一扔：「我還當他練了什麼新本事，向我示威來了，原來只是切傷了手！」

譚延闓善飲，愛喝紹興花雕，酒量極大。他常說：「吃喝嫖賭，人生四大嗜好，嫖賭與我無緣，吃喝在所不辭。」他的食量之大，勇奪全軍。長子撰文說他老爸：「先公善飲好客，食量兼人。」

譚延闓五十歲生日時，一個叫張冥飛的湖南同鄉為他作了一個壽序，諷刺他的政治生涯，曰：「茶陵譚氏，五十其年，喝紹興酒，打太極拳，好酒貪杯，大腹便便，投機取巧，廢話連篇……寫幾筆嚴嵩之字，做一生馮道之官；用人唯其才，老五之妻舅呂；內舉不避親，夫人之女婿袁……立德立功，兩無聞焉。」譚老臉厚皮，看過之後也不以為忤。

譚延闓極度好客，請柬滿天飛。每晚譚公館張燈結綵，大宴賓客，用的是一張超級大八仙桌，圍坐十數人，仍然寬綽；使用的筷子也是特製的，每雙足有一尺多長，盛菜的盤碗更是其大如斗，令人咋舌。

譚家特製啟用的大碗、大盤、長筷、大匙勺等大型餐具，這些後來逐漸形成了湖南飲食特點之一。

御廚黃晉林：一代奇人

黃晉林出生於一八七三年，四川省成都市人。因其家中歷來注重飲食，講究烹飪，使他自幼受到薰陶。晚清時到北京參加殿試，考中進士後因放廣東外任未成行，被留在清宮中任職管理筵宴的光祿寺，獲慈禧太后賞識，授四品銜，故有「御廚」之稱。返回四川後曾任射洪、巫溪等縣知事。辭官後在家閒居。中華民國初年在成都市創辦著名的包席館——姑姑筵餐館，並親理廚政。其店中事廚者多為家中女眷，為蓉城各餐館所罕見。一九四九年春赴重慶新開姑姑筵餐館，同年病逝於重慶市。

黃晉林雖非專職廚人，但因其對飲食之道頗有研究，加之在清宮中御膳房供職多年，耳聞目睹，也掌握了精湛的烹飪技藝，對菜餚製作和筵席組合都能得心應手。他經營的姑姑筵餐館，以宮廷風味和四川風味相結合，巧製「樟茶鴨子」、「香花雞絲」、「罈子肉」、「燒牛頭方」、「酸辣魷魚」等創新菜，吸引了不少食客。此店每日包席最多只承辦四桌，他對於預定的筵席均親自出菜單，親臨廚房嘗味把關，親自端菜上桌，並從烹飪文化藝術給入席者所食菜餚評加解說，故包席者多奉請柬請其入席，恭聽其言。

在四川名菜中，「陳皮牛肉」深受食客的讚賞。「陳皮牛肉」是採用中藥陳皮和牛肉搭配，並加以各種佐料做成的一道菜。該菜具有止咳化痰、生津開胃、順氣消食等功效，還可以治療維生素C缺乏症。在許許多多的名菜中，用佐料最出名的也要數川菜的「陳皮牛肉」。「陳皮牛肉」最早就是由黃晉林創制的。當時朝廷派官員出差，一路上，總要帶點東西佐酒、下飯，而且又要對身體有所補益。黃晉林便動腦筋用各種佐料做成了「陳皮牛肉」。此菜色質深褐，味辣，且能保存較長時間而不變味。久而久之，此菜就成了四川人桌上的佳餚。

黃晉林既精烹飪，又工書法、詩賦，被人們稱為「當代之一奇人」。

孔府宴：地位非凡

孔府是中國歷史已久的貴族世家，宴席名目繁多。孔子嫡孫有世襲罔替的爵位和豐厚的收入，由於孔府接待上起皇帝、王公大臣，下至地方官員和親朋貴戚，外加各種迎來送往、喜慶、祭典等等，形成了家宴、喜宴、壽宴、便宴、如意宴等多種宴席。

家宴在孔府宴中，規格最為繁多，等級差別較大，主要是根據飲宴者的身份或親疏進行區分。這些宴席有的是屬於顯貴「朝聖」祭孔用以接風；有的則屬親朋相約，以盛情款待。家宴的席面從高級燕窩四大件或魚翅四大件，到「雙四」一品鍋，而且還隨同季節變換時令佳餚。喜宴為「孔府宴」中的大型宴席之一，又分為花宴、上馬列宴、下馬宴和公婆宴（衍聖公嫁女孩子時，為女兒孝敬公婆的一種特定宴席），多為魚翅宴。席面鋪陳乾、鮮果碟、涼菜拼盤和大件、行件等各色菜饌，取其「百年和好」、「吉祥富貴」之寓意。如乾果中的紅棗、花生、桂圓、栗子四果碟，各取一字，即寓有「早生貴子」之意。大件或行件菜則以「鳳凰魚翅」、「鴛鴦雞」、「蝴蝶海參」、「桃花蝦」為主。

最高級的酒席，據孔德懋（孔子七十七代嫡孫女）女士在《孔府內宅軼事》中介紹：最高級的酒席，每桌上菜一百三十多道，這種酒席叫「孔府宴會燕菜全席」，又叫「高擺酒席」。歷代皇帝和蔣介石、顧祝同、劉峙、孔祥熙、馮玉祥等人受過此種招待。

壽宴是孔府專供讚頌和夫人及其尊長祝壽的特定宴席。席面富麗堂皇，首先上「高擺」。「高擺」為孔府高級宴席特有的裝飾品，是用江米麵製成，外層表面鑲滿各種細乾果，以不同顏色和造型，構成各種精巧細緻的圖案，呈圓柱形擺在四個大銀盤中間。「高擺」的正面鑲有文字，四個「高擺」連起來，就是宴會的主題。做「高擺」，像繡花一樣，四個高擺就需要十二名老廚師四十八小時才能完成。壽宴往往鑲有「福壽綿長」或「壽比南山」等祝詞，還取其果碟、菜碟之諧音，用以贊祝。如長生果寓「長生不老」之意，四乾果、四鮮果上齊之後，首獻「一品壽桃」，寓「麻姑獻壽」之意。這時平輩祝壽、晚輩祝壽，禮畢，壽桃撤下，始上熱菜，莊重典雅，頗為壯觀。孔府壽宴，極盡奢華，據記載，清咸豐二年八月，第七十四代衍聖公夫人畢氏過生日，公宴會一項就開支一三八・九萬文錢。清光緒二十七年，第七十六代衍聖公孔令貽過三十歲生日時，孔府曾擺筵七百餘桌，燕窩、魚翅、海參等席面一應俱全，府內府外張燈結綵，內宅外院佈滿座席，鐘鼓禮樂，極盡豪華。

孔府設宴的規模，因事、因人、因時而定，如遇重大慶典，宴席多達數百桌。如招待皇帝和欽差大臣的「聖府滿漢宴」，屬於清代的國宴規格，宴會常設於府內前上房，用餐具四〇四件，上菜一九六道，多為燕窩、魚翅、熊掌等珍品。可能是由於乾隆皇帝的「滿漢姻緣」，又是賜更高規格的餐具，加之宴席上充實以滿族的「全羊帶燒烤」等，因而菜餚更豐盛之故，而形成了「滿漢宴」。宴會上並伴有鐘鼓禮樂，以顯示「聖人之家」的氣派。此外，孔府宴席的餐具十分考究。府中最珍貴的一套食器是乾隆皇帝恩賜的「御賜銀質禮食大宴食器」，由四〇四件主、副，配合大小器皿組成，是可供上一九〇多道餚品的宴席器具。

在孔府的客人中，只有欽差大臣、軍國樞要、封疆大吏一類或以上身份的來賓，才有資格受用此具。壽宴中的「高擺」有特製的「高擺餐具」，瓷的、銀的、錫的等各種質料齊全，均為整套定做，如果損壞其中一樣，根本無法配齊，每次使用時，都要安排可靠的人專門照管餐具，餐具的開頭很特別，如盛菜的盤、碟有四方的、元寶形的、雲彩形的等等，均是根據府菜的特點設計。有一道菜叫「帶子上朝」，是一隻鴨子攜著一隻鴿子，菜盆的形狀就恰好是這鴨子和鴿子連在一起的外形。

「金銀魚」這道菜是並列的兩條魚，一黃一白，餐具也就是兩條魚的形狀，半邊黃、半邊白。每個人面前的小分碟也有不同的形狀，瓜形的、八卦形的等等，各有各的用途。餐具中還有一套是帶「水池子」的，盛大件的餐具或是盛飯的小碗，下面都是個小熱水池子，可使飯菜長時間不涼，每個人面前喝湯的小碗叫「口湯碗」，只適盛一口湯，周圍也是水池子溫著。

便宴，是衍聖公日常宴請至親好友或文墨聚會所用，形式不拘一格，席面菜饌可由主賓任意點選，比較隨便。

孔府宴席不僅名目繁多，規格、等級差別明顯，而且在宴席的餚饌品類和上菜順序上也十分考究。宴席餚饌品類的序列分為頭菜、大菜、行菜、飯菜、麵點、果品等。

頭菜，是指一桌宴席全部菜餚中最重要的一道菜，它在一桌宴席的價值比重、結構位置以及烹調工藝和器具配備方面都具有首要的意義。它往往是以某一餚品命名的一桌宴席其主要依據，可以說是大菜中的大菜。如一桌「海參三件」的席面，共有三大件、八涼盤、八熱盤、四飯菜、點心、米飯，其頭菜是「紅燒海參」，它與其他兩品大菜合成為「三大件」，故此桌席名為「海參三大件」。大菜，是一桌宴席的主體菜，一般由數道菜組成，是該宴席的重心和主體結構。由於孔府宴席總的特點是厚重華貴，所以大菜品類既十分豐富又多數屬於長久穩定型的餚品。大菜作為宴席的主體菜，一般在原料上便能表現出來，通常都是山珍海味或禽畜（牲、獸）整件或大件。除原料的貴重之外，一般在工藝上體現其顯著的位置。行菜，是大菜的組配菜，與大菜主、副配伍。行菜隨同大菜陳列於調節面，並與大菜構成宴席的一個個分組結構。飯菜，是拌進主食的菜餚，俗稱「下飯菜」。飯菜是宴席的最後一組菜品，跟隨主食同上桌面，用料並不貴重，口味更適於佐餐下飯。

大件席是孔府常用的宴賓會，分為燕菜大件、魚翅大件、海參大件，分上、中、下三個檔次。孔府檔案中現存清光緒二十年祝賀慈禧太后六十壽誕時進貢的蒿面菜單：「大碗公菜二品：八仙鴨子，鍋燒鯉魚。大碗菜四品：燕窩『萬』字金銀鴨塊，燕窩『壽』字紅白鴨絲，燕窩『萬』字三鮮鴨絲，燕窩『疆』字口蘑肥鴨。中碗菜四品：清蒸白木耳，葫蘆大吉翅子，壽字鴨羹，黃燜魚骨。小碗菜四品：溜魚片，燴鴨腰，燴蝦仁，雞絲翅子。碟菜六品：桂花翅子，炒蕉白，芽葉炒肉，烹鮮蝦，蜜制金腿、炒王瓜醬。克食二桌：蒸食四盤，爐食四盤，豬肉四盤，羊肉四盤。片盤二品：掛爐豬，掛爐鴨。餑餑四品：壽字油糕，壽字木樨糕，百壽桃，如意卷。燕窩八仙湯，雞絲滷麵」。內中菜餚三十二品，主食十二品。菜餚中大菜十八品，其中燕窩五品，魚翅三品。

大件席上菜的順序是：先上四乾果、四鮮果，什麼席先上什麼大件，再跟行菜。如魚翅四大件：魚翅，跟兩個炒菜；鴨子，跟兩個海味行菜；鱖魚，跟兩個素口淡菜；甜菜，跟兩個甜味行菜；兩盤點心，一甜一鹹；四個飯菜；四個素菜；四碟小菜；麵食。

孔府宴席一向沿襲著古風舊制，禮儀莊重，規格嚴謹，其布席、就座、上菜都極為講究。在座席的安排上講究「奉席如橋衡，所奉席頭，令左昂、右低……席舒有首尾」。讓賓客坐首席，主人旁陪，施之以謙尊之禮。席面佈置有首尾，上菜程序有先後。遵循慣例，鹹先淡後；濃先薄後；無湯者先，有湯者後，賓主對坐，循序進獻，以炫耀詩禮之家風。

在孔府的各類宴席中，最低等的是給當差的、老媽子們吃的，僕人們不能上桌子，在前上院的院子裡搭起天棚，地上鋪上新炕席，僕人們席地而坐，圍成圓圈，叫做「坐席」。每一「桌」席有十碗菜，這種菜的規格叫「十大碗」。據一張「十大碗」的菜單子記載，這十碗菜有：海參、魚肚、紅肉、清雞絲、瓦塊魚、白肉、肉餅、海米白菜、八仙湯、甜飯。

孔府長期形成的各類宴席，禮儀莊重，等級分明，在席面款式上十分嚴格，既有書香門第、聖人之家的風度，又有王公官府的氣派。

孔府宴菜如今已經成為中國烹飪菜系中的重要代表，「孔膳堂」也已經涉足京城、海外，孔府菜為更多的人們所欣賞、品味。

梅家菜：梅蘭芳的獨家美食

據說梅蘭芳先生吃飯有三個準則，一所用食材不能導致身體發胖，二是吃的東西要對嗓子有好處，只能護嗓子而不能毀嗓子，三是還得養顏。所以他的家常菜結合了南派淮揚菜和北派譚家菜的主要手法，獨創了一些菜式，成了「梅家菜」。

比如一道雞粥，梅氏做法是這樣的：要選精細的糯米作為粥的原料，雞肉則用上好的雞脯肉，用來煲粥的水則是用砂鍋煨出來的老雞湯，粥煮好了還要用蔬菜汁勾一道芡。於是乎，這煲粥便散發著濃郁的雞湯香和清雅的蔬菜香，以國色天香般的翠綠色彩粉墨登場，化名「梅氏雞粥」。

「梅氏雞粥」僅僅是梅家菜中的一味，但梅蘭芳每天都要喝，喝粥本來就是一種養生的飲食方法，如此烹製出來的雞粥，想必讓梅先生情有獨鍾。

說到粥這種吃食，那歷史淵源可謂長遠，據說還是出自黃帝之手，他老人家一邊「蒸穀為飯」，一邊「烹穀為粥」，讓大家的餐桌上有乾有稀，乾稀結合，互為補充。前邊說到喝粥可以養生，這可真不是胡謅的，有歷史文獻記載為證。據《史記》記載，西漢時候宰相趙章得了一種怪病，吃東西就吐，用現在的話說，多少有點像是厭食症。請了當時的名醫叫做淳于意的來看，這大夫一看病情如此，也束手無策，直接通知說準備後事吧，基本上撐不過五天就歸西了。結果趙章終於魂歸西天，但不是五天後，他撐了十天才歸的西。別人質疑淳于意的醫術不夠精湛，說他預判病人五天後喪命，人家明明五天後就沒死。淳于意一調查，發現趙章吃東西吃不了，而粥這樣的流食還是可以喝一些的，而且他一直都喜歡喝粥，多年來的習慣。於是淳于意便解釋說，按照醫理吃不了東西，的確是該五天後死，但是因為趙宰相愛喝粥，肚子裡多少還能有點存貨，因此多活了幾天。

袁枚也曾經在《隨園食單》裡面專門寫到過熬粥的訣竅：「見水不見米，非粥也；見米不見水，非粥也。必使水米融洽，柔膩如一，而後謂之粥。」所有粥亦有道，梅家菜的雞粥也詮釋了一把。

由於「梅家菜」相當於是集南北之所長而成，再加上梅先生對飲食的要求頗高，所以「梅家菜」便在這樣的條件上發展起來。「梅家菜」每道菜的分量都不大，並且據說按一年四季不同時令節氣而創制的菜餚做法，加起來約有六百多道。

「梅家菜」的口味比較清淡，多數帶有點甜味，這顯然有淮揚菜的影子在其中。淮揚菜是淮安、揚州、鎮江三地風味菜的總稱，這個菜系曾經與川、魯、粵並稱「中國四大菜系」。當然，關於中國菜系的劃分說法繁多，且先不去管它，說回淮揚菜，它最大的一個特點恐怕是「因時而異」的準則，也就是「不時不食」。同時，淮揚菜講究精工細作，選料上首先保證嚴謹，製作方法上也諸般要求，刀功、火功、工序繁複卻絲毫不含糊。最著名的淮揚菜代表作有蟹粉獅子頭、水晶餚肉、松鼠桂魚等等，不勝枚舉。梅蘭芳非常欣賞淮揚菜，認為淮揚菜既能保持菜餚的本色，又能保留菜餚的營養，食之不厭。所以「梅家菜」中帶有很明顯的淮揚菜的影子也就符合邏輯了。

比如「梅家菜」的當家菜「七彩魚絲」，那又是一絕。關鍵在做法上，那簡直是不厭其煩，精益求精，一般人家可經不起這麼折騰。梅家做魚，先把魚骨頭剔掉，魚肉切片不算，要由片再改而為條，加佐料掛漿，進熱油鍋裡一滾即出，為了保證其鮮香嫩滑。最後，別說魚刺了，基本上不告訴你你都不知道這是魚，完全沒了魚的形態。這還沒完，還要配上色彩亮麗的各種絲，如青椒絲、豆腐絲等作為配襯，這才能成為梅派當家菜「七彩魚絲」供人果腹。

梅蘭芳喜歡清淡飲食，與他的京劇人生不無關係。他十分重視保護自己的明眸皓齒、嗓子和身段，在飲食上講究健康、養顏、精音、止胖。因為喜歡清淡，梅蘭芳養成了「三不三怕」飲食習慣：一是堅決不喝酒，怕嗆壞嗓子；二是儘量少吃動物內臟和紅燒肉之類太油膩的食物，怕生痰；三是演出前後不吃冷飲，特別是剛唱完戲不吃冷飲，聲帶經過激烈震盪的「熱嗓子」就不會變成「啞嗓子」。為了保護嗓子，增加營養，梅蘭芳主張多食鮮奶、雞蛋、蔬菜和水果。

梅蘭芳非常敬業，很講究平時一日三餐與京劇表演藝術的關係。他對戲劇界的飲食名言「飽吹餓唱」體會尤深，他說，演員在演出之前，決不能飽食，否則的話，唱起來中氣不足，動作乏力，嚴重的還會引發胃炎。所以，梅蘭芳每逢晚上有戲，晚飯吃得都很簡單，一定要等唱完了戲，休息一會，才敞開胃口來吃。

子龍脫袍：李宗仁盛讚

說起鱔菜，不少人認為擅長者非江蘇風味莫屬。其實，湖南人烹鱔的本事不比長江一帶的淮安人遜色。湘人食鱔講究在「端午」，湖南鱔餚有「爆鱔片、炒鱔絲、紅燒鱔段、紅煨鱔魚，油滷鱔鬆、清蒸鱔魚、鱔魚火鍋等」，尤其以去皮鱔絲染漿、走大油、再炒的「子龍脫袍」最具特色。

子龍脫袍是一道以鱔魚為主料的傳統湘菜。因其鱔魚在製作過程中需經破魚、剔骨、去頭、脫皮等工序，特別是鱔魚脫皮，形似古代武將脫袍，故將此菜取名為「子龍脫袍」。

子龍脫袍這道菜不光味美、具營養、滋補價值，其中蘊藉的飲食掌故常讓人們體味食在「味外」的感覺。據說，相傳三國名將常山趙子龍英勇蓋世，百戰百勝。當曹操大軍和劉備血戰當陽長坂坡一帶時，由於雙方兵力懸殊，劉備只好在眾將掩護下且戰且退。大將趙雲（字子龍）負責保護兩位夫人和幼主阿斗。眼看曹兵重重圍困，二夫人猶恐受辱，便含淚囑託趙雲千萬護阿斗殺出血路，為劉皇叔保留一條血脈。說罷便投井而死。趙雲含悲推倒土牆掩埋土井後，轉身奮力衝殺，所到之處，敵手落馬而亡。為不負主子重託，他懷揣阿斗搏命廝殺，終於衝出大軍包圍。幾經輾轉後，找到了劉皇叔。當劉備看到趙雲把鮮血染紅的戰袍從重傷的身上脫下來時，裹著的兒子阿斗還在酣睡之中。趙雲將阿斗雙手送到皇叔懷裡時，劉備一下子將兒子拋到地下，感慨地說：「為了這個小東西，竟險些損失我一員上將呀！」在場的將士無不為之震撼。後來的湘楚名廚為了表示欽敬長坂坡英雄趙雲忠心救主的美德，而創制了「子龍脫袍」美饌一款，並以鱔魚寓子龍之意。

中華老號曲園酒樓的子龍脫袍一直受到名家推崇，鱔絲鮮嫩，香辣爽滑。據說，李宗仁任中華民國代總統時，曾在曲園南京分店大宴賓客，席間對「子龍脫袍」讚不絕口。曲園酒樓進京後，此菜更受到文人墨客的青睞，如齊白石、田漢等光顧曲園首道時必點子龍脫袍。

蘇東坡拚死吃河豚
朱元璋與虎皮毛豆腐
與四大美人相關的名菜
鍋巴菜：乾隆親賜的小吃
「鬼城」抄手：好吃到不要命
燒豬頭最有名氣的居然是法海寺的和尚？

第二章

古今佳餚來一口，好滿足

俗話說「一千個讀者就有一千個哈姆雷特」，一千個人也就有一千種至愛美味——那，這本書永遠也寫不完。幸運的是，有些美味從古至今，幾乎是人人都愛，它們或鮮美絕倫，或濃香四溢，或妙手天工，或一氣呵成……總之一口下肚，身心皆大滿足！

洛陽假燕菜：美如燕窩

洛陽假燕菜是以蘿蔔和雞絲經煮、燒製成的菜餚，稱其為假燕菜，是指其滋味鮮美，可與燕窩相媲美。此菜為著名的「洛陽水席」中的第一道菜，美譽素著。其名稱由來，還要追溯到唐代武則天稱帝時期。

傳說武則天稱帝以後，天下倒也清平無事，而且民間還出現了不少的「祥瑞」之事，像什麼麥生三頭、穀長三穗之類。不管真假，傳奏上去武則天聽了當然是滿心高興。一年秋天，洛陽東關有一農民，地裡長出一個特別大的白蘿蔔，足有三尺長，上青下白。這個巨大的白蘿蔔，被人們視為神聖之物敬獻給了武則天。武則天大悅，命皇宮御廚將蘿蔔烹製為菜，品嘗其異。

蘿蔔能做出什麼好菜來？

御廚很是為難。但女皇之命不敢不從，御廚只好硬著頭皮，將蘿蔔細切成絲，投以種種山珍海味，製成了色澤鮮豔、滋味鮮美的菜餚，呈獻給武則天品嘗。武則天吃過後感到鮮嫩爽口、滋味獨特，甚至可以與燕窩相比，就賜了「假燕菜」的名字，並將其列為宮廷宴席佳餚，供自己經常品用。在武則天的影響下，一大批貴族、官僚也都以吃此菜為榮，宴飲時，必將假燕菜作為宴席頭道菜，即使在蘿蔔斷缺的季節，也費盡腦汁用其他蔬菜來做成假燕菜，以免掉身價。

上有所好，下必甚焉。此菜傳入民間後，人們便用蘿蔔、肉絲、雞蛋、香菜等料製作，味道也非常不錯。不論紅白喜事、待客娛友，人們都習慣把假燕菜作為席上首菜。明、清時期，武則天的賜名被漸漸淡忘，人們開始稱其為「洛陽燕菜」，或簡稱為「燕菜」。

「國色朝酣酒，天香夜襲衣」，洛陽是著名的牡丹之都，人們將對牡丹的喜愛融入假燕菜的烹製，牡丹的華貴和吉祥更使此菜形色生輝。

洛陽假燕菜經眾多廚師調製，到今天其製作更臻完善。其製法為：蘿蔔切細絲放入冷開水中浸泡，去除辛辣味後，用綠豆粉拌勻，上籠蒸五分鐘取出。冷卻後再經溫水浸一下撈出，灑上鹽水，上籠蒸透備用。炒鍋燒熱，加雞湯，放豬肉絲、蹄筋絲、玉蘭片絲、海參絲、魷魚絲、紫菜絲等，加紹酒，燒沸，再下蘿蔔絲、雞絲，加鹽、味精，再次燒沸時，倒入大湯碗，淋麻油，放上香菜或韭菜即可。

此菜的特點是菜色鮮豔、湯清潔白，滋味極其鮮潤。當然，其鮮有幾分來自蘿蔔就不得而知了。各種美味薈萃一鍋，而平民身份的蘿蔔身居其主，真是蘿蔔的榮幸。

酸菜魚：歷史悠久

酸菜魚，以酸菜做底料，將鯉魚、鯽魚等淡水魚切成瓦片狀，與酸菜、辣椒一起炒一下，加清水煮熟食用的菜餚。

中國人醃製酸菜有悠久的歷史，《呂氏春秋》就有「文王嗜菖蒲葅酸菜」的文字記載，說明人們食用酸菜已有三千多年的歷史。喜歡醃製酸菜的地區有很多，由於方法簡便易行，很多家庭都能製作。周文王的國都在陝西岐縣，就是今天的寶雞一帶，當地人家家擅長醃酸菜。每到冬天，人們就會將賣剩的白菜、芹菜、蘿蔔纓等存放院內備用，而沒有菜地的人家，則會到農戶家收購。先將白菜摘去黃葉和老梗，晾晒兩天後裝入缸內，鋪一層白菜便均勻地撒上一層青鹽。一邊裝一邊用木棒揉壓，使菜汁滲出，然後壓上大石頭。第二天需要繼續揉壓，使缸內菜體緊實，等缸內水分將白菜淹沒後，再壓上石頭，蓋上蓋，放到空氣流通處讓白菜自然發酵，一個月後便可開啟食用。

酸菜有很多吃法，可以佐餐，也可以烹製，有的人還喜歡拿醃酸菜湯汁作飲料，每當夏天暑熱難耐的時候，便從醃菜缸中舀喝，渾身為之爽快。講到醃酸菜汁，宋代還有一個典故。有一次宋太宗問翰林學士蘇易簡：「食品稱珍，何物為最？」蘇易簡答道：「臣聞物無定味，適口者珍。」又說：「臣只知齏汁為美。」太宗問他為什麼，他便敘述了自己的親身感受。有一次他乘興痛飲，醉後蓋了厚厚的被子睡覺，酒後燥熱，乾渴難耐，翻身起床來到庭院，就著月光看到雪地裡有一個盛有醃酸菜汁的罎子，也顧不得叫家童，連忙用雪擦了擦手，美美地喝了好幾捧齏汁，只覺得「上界仙廚鸞脯鳳臘，殆恐不及」。太宗聽了也笑著同意了他的觀點。

福建有一道風味名菜酸菜梅魚，是用梅魚和酸菜煨製而成。梅魚產於閩江支流烏龍江、福州洪塘、螺州一帶的江中，色白而味美，從古至今，一直是當地的席上佳餚。《閩產錄異》記載：「梅魚以薑、蒜、冬菜、火腿燉之或紅糟、酸菜、雪裡蕻（雪裡紅）煮之皆美品。」這道菜色澤淡白、肉嫩味鮮、酸菜清口，深受中外顧客讚譽，旅居國外的福州僑胞更是每逢探親都要品嘗此菜，以慰思鄉之情。

汽鍋雞：別出心裁

雲南名菜汽鍋雞製作別出心裁，具有濃郁的地方風味，被稱為「雲南一絕」。中國以雞製作的菜餚可謂花樣繁多：道口扒雞、東安子雞、叫花子雞、德州扒雞等等，均為各地名產。

與別樣相比，汽鍋雞又有什麼特別，以致稱「絕」呢？非為其他，絕妙就絕妙在鍋具上。該鍋為陶製，從外觀上看似為普通灶具，打開蓋子，可以看到鍋子中央聳起一個圓錐體，錐體頂端開有小圓孔。烹製時陶鍋並不直接置於火源上，而是將它放於蒸鍋內。蒸鍋受熱傳導於陶鍋，將裡邊的雞蒸熟。蒸的時候，汽鍋內的圓孔就會將下層的水汽引上來，均勻地散佈在汽鍋內部。成菜的湯汁皆為蒸汽凝聚而成，清純明淨，保持了菜餚的原汁原味。汽鍋一般以江蘇宜興產的朱砂汽鍋為上品，鍋子可大可小，上菜時直接將汽鍋端到桌上，或眾人共用一鍋，或一人一個汽鍋，獨自享用。

汽鍋雞最早起源於雲南楊林、建水。當地人用名貴藥材冬蟲夏草煨製子雞，稱之為楊林雞，煨雞使用的陶製火鍋則叫做楊林鍋。楊林鍋為建水出產，建水陶器久負盛名，已經有上千年的歷史。

清代有個叫潘金懷的陶工改進工藝，以紅、黃、紫、青、白五色陶土燒製出彩陶。至清末陶工向逢春技藝高超，在傳統的基礎上，又創造出烹飪的汽鍋。人們發現用陶製汽鍋烹子雞，香味不易散失，味道更加鮮美，便以汽鍋取代楊林鍋，從此汽鍋雞名揚天下，數十年來一直是最負盛名的雲南菜餚。

汽鍋雞製法為：將母雞洗淨，切為三公分見方小塊，冬菇浸發後，一切兩片。汽鍋內放雞塊，鋪上火腿片、冬筍片、冬菇片、薑片，加料酒、鹽，蓋上鍋蓋，將汽鍋置於蒸鍋上，文火蒸約四、五個小時，撿出蔥段、薑片，放入胡椒粉與調味即可。

烹製的最緊要之處是，需將汽鍋和蒸鍋的交接處密封，使汽不致外泄。具體方法是在交接處封以布或白棉紙，再將少許麵粉和水調為糊狀，糊在棉紙上，如此才能保證汽鍋雞肉酥湯鮮、味道香醇的特色。

雲南盛產名貴藥材，利用這種優勢，人們又在汽鍋雞中配加雲南特產的名貴藥材「三七」、「蟲草」、「天麻」等，使雞湯更加味美鮮甜，既增加了營養和醫療作用，又別具風味，發揮了汽鍋雞營養豐富、滋補強身的優點。此後，三七汽鍋雞、蟲草汽鍋雞、天麻汽鍋雞漸成為雲南高級的營養菜品，風味獨特，膾炙人口。

四喜丸子：吉祥喜慶

每逢婚慶和重要節日等喜慶之事，宴席上往往以四喜丸子為首道菜餚，以其吉慶、團圓的寓意，給宴席增添了歡樂和熱烈的氣氛。它不但能夠給人帶來歡愉融洽的感受，還表達了殷切祝福之意，使賓主盡歡，共用美好時刻，留下美好的回憶。四喜丸子，可稱是最為人們喜愛的吉祥菜餚。

據傳，四喜丸子創制於唐朝年間。有一年朝廷開科考試，各地學子紛紛湧至京城，其中就有張九齡。結果出來，衣著寒酸的張九齡居然中得頭榜，深出人們意外。皇帝因賞識其有才智，便將他招為駙馬。當時正值張九齡家鄉遭水災，父母背井離鄉，不知音信。舉行婚禮那天，張九齡正巧得知父母的下落，便派人接至京城。喜上加喜，張九齡高興之下，叫廚師烹製一道吉祥的菜餚，以示慶賀。菜端上來一看，是四個炸透蒸熟並澆以湯汁的大丸子。張九齡詢問其意，聰明的廚師答道：「此菜為『四圓』。一喜，老爺頭榜題名；二喜，成家完婚；三喜，做了攀龍快婿；四喜，闔家團圓。」張九齡聽了哈哈大笑，連連稱許。又說道：「『四圓』不如『四喜』響亮好聽，乾脆叫它『四喜丸』吧。」自此以後，逢有結婚等重大喜慶之事，宴席上必備此菜。

後人對「四喜」有不同的解釋，有人把喜慶、吉祥、幸福、長壽稱為人世四喜；而南宋文學家洪邁《容齋隨筆》中的四喜詩：「久旱逢甘霖，他鄉遇故知，洞房花燭夜，金榜題名時。」所言的四件喜事，更是盡人皆知，近千年來被普通百姓視為人生最大的理想。時至今日，依然為人們津津樂道。

四喜丸子又稱大肉圓、四喜圓子、四喜龍蛋、闔家團圓等，北方大部分地區都有此菜，尤其以東北三省的製作著名，無論城鄉，凡有婚、壽、喜慶宴席，必以此菜為首道菜餚。以「四喜」為名的菜餚在中國有很多，清代即有四喜蒸餃、四喜蝴蝶、四喜羊肉、四喜丸子等菜餚。至近代，人們愛其吉祥含義，以「四喜」為名的菜餚更是林林總總，約有上百餘種。

四喜丸子為紅燕菜餚，傳統做法是將丸子做成稍扁，兩面煎至外殼稍硬，再燒成的一道香酥菜。現今則改成旺火寬油炸，著色，定形，然後或燒或蒸製成。地區和菜系的不同做法也不盡相同。孔府風味的製法是：肉切小丁不剁，餡加甜麵醬、蛋清等，用油炸蔥段、冬菜墊底，蒸熟，園炒油菜段即成；哈爾濱風味為：肉、蘭片、香菇均切小丁，加蛋清等調味料拌成餡，油炸後，上屜蒸，調汁加蘭片、香菇片、蔥薑絲澆淋即成。其他河南、天津、遼西等地的製法也各有特色。

主料除使用豬肉外，也有使用另類材料製作的。如遼寧有一道新四喜，是用豬肉餡包素餡製成；《豆腐菜譜》中有以豆腐餡包肉餡製成的四喜豆腐丸子；《四季素菜譜》中有用山藥泥包豆沙餡製成的素四喜丸子等等，風味各有不同。總之，四喜丸子在民間食俗中有著重要的地位，雖千變萬化，但總是不失它的喜慶色彩。

套四寶：豫菜一絕

套四寶是開封的傳統菜餚，堪稱「豫菜一絕」。這道菜用青花細瓷的湯盆端上，展現在食客面前的是一隻體形完整、浮於湯中的全鴨。其色澤光亮，醇香撲鼻。而當食完第一層鮮香味美的鴨子後，一隻清香的全雞便映入眼簾；雞肉吃後，滋味鮮美的全鴿又出現在面前，最後又在鴿子肚裡露出一隻體態完整，肚中裝滿海參丁、香菇絲和玉蘭片的鵪鶉。這道原汁原味，柔嫩潤滑，色澤光亮、型整不散的菜，被稱作豫菜裡的一絕——套四寶。這道稱絕的菜，絕就絕在四隻層層相套的全禽，個個通體完整又皮酥肉爛，從小鵪鶉到大鴨子相互裹纏，卻吃不出一根骨頭來。

在全國各個菜系中，豫菜佔有一定的位置，其中套四寶正是豫菜之中的一個代表作，素有「寧吃飛禽四兩，不食走獸半斤」的戲稱。本來雞、鴨、鴿子、鵪鶉肉質細嫩，味道鮮美，經各地名師高廚過手可分別煎、炒、烹、炸、燒、燻、蒸、汆出為上千道美饌佳餚。以豫菜風味的整雞整鴨而論，有八寶鴨、冬宮鴨、清蒸鴨、料子鴨、河南烤鴨與貴妃雞、太白雞、筒子雞、鹽焗雞、鴛鴦雞、香酥雞、鮮味雞、黃燜雞、清燉雞以及道口燒雞等不下十種。以雞鴨鴿加工的各種塊、段、條、片、絲、丁、蓉、脯與胗、翅等，更是名目繁多，數不勝數。然而，集數禽為一體烹製菜餚的，卻為數不多。偶然有人提到三套鴨、套三環等，能做的也很少。真正把四隻禽加在一起更是為數寥寥。

套四寶味道稱絕，選料要精，加工要細，經宰殺、褪毛、掏取五臟的初加工後，最為複雜的是剔除骨架。一般而言雞、鴨較為好剔，鴿子、鵪鶉骨頭難除。易骨時要聚精會神，手持鋒利小刀，有如進行一項精心的藝術雕刻。要求剔出的骨架塊肉不剩，剔後的皮肉滴水不漏。「套四寶」的套是個關鍵，這需要鴨、雞、鴿子、鵪鶉首尾相照，身套身，腿套腿。訣竅是，在給加工洗淨的鵪鶉肚裡填充海參蘑菇配料後，用竹針把破口插合，在開水鍋中焯一下。這不僅清除血沫，更主要的是使皮肉緊縮，便於在鴿子腹內插套。鴿子套進鵪鶉後，仍要在鍋中開水焯一下。然後再向雞腹插套。同樣焯過的雞再向鴨腹填充，最後成了體態渾圓、內容豐富的四寶填鴨。再配以佐料，裝盆加湯，上籠蒸熟，從裡到外通體酥爛，醇香撲鼻，端盆上桌。

燒乳豬：廣東傳統大菜

燒乳豬是傳統食品的一種。製法是將二至六個星期大，仍未斷奶的乳豬宰殺後，以爐火燒烤而成。世界不同的飲食文化中都有燒乳豬這種菜色。中國在西周時相信便已有食用燒豬。當時八珍之一的「炮豚」相信便是指燒豬。在西方，古羅馬的傳統菜譜中亦有燒乳豬一項。現今的中國菜中以粵菜的燒乳豬最廣為流傳；而在西方國家中，葡萄牙及西班牙俱以燒乳豬為特色菜。

燒乳豬在廣東已有超過二千年的歷史。在南越王墓中起出的陪葬品中，便包括了專門用作燒乳豬的烤爐和叉。在清朝時，粵菜的燒乳豬更被選入為「滿漢全席」的菜色之一。現在燒乳豬是廣東燒味其中一種。一般的製法是以重約五公斤的乳豬，宰殺後在腹部剖開，取出肋骨，放入特製燒烤叉撐開，然後澆上熱水令豬皮收縮，放入烤爐烤成。如果燒烤時用慢火，燒出的乳豬豬皮光滑，稱之為光皮。亦可以用猛火燒烤，其間在豬皮塗上油，令豬皮成充滿氣泡的金黃色，即為「麻皮乳豬」。乳豬的特點包括皮薄脆、肉鬆嫩、骨香酥。吃時把乳豬斬成小件，因肉少皮薄，稱為片皮乳豬；有時點上少許「乳豬醬」以增加風味。

在廣東傳統習俗中，燒豬或燒乳豬是各喜慶場合的常用祭品。無論是新店開張或是清明祭祖，都可常見抬出整隻燒豬或燒乳豬作為祭祀用品。切燒豬有時更會是儀式的一部份，待儀式完成後，燒豬便會分給各參與者分享。燒乳豬由於份量較少，而且乳豬放涼後味道會較為遜色，因此在戶外舉行儀式時，一般多用普通燒豬而較少採用乳豬。但是在廣東或香港的婚宴中，燒乳豬仍然是必備菜色。按廣東傳統的婚禮習慣，新娘出嫁後三天返回娘家探望，稱之為「回門」。倘若新娘出嫁時仍是處女，回門時男家會以乳豬或燒豬作回禮。今天的婚禮已不會再傳遞這種意思；但乳豬仍然被留在婚宴中，並且蛻變成了各項菜色中的主角。香港某些酒家曾流行在乳豬的眼睛裝上閃動的小燈泡；在婚宴中上乳豬前，先把燈光調暗，然後才由侍應生列隊隆重地奉上乳豬。

樟茶鴨：酥皮嫩肉

樟茶鴨子是四川傳統名菜，早在二十世紀四〇年代便已聞名全省。在成都，有「南路鴨子北路雞」之說。成都以南多水，北部多山，故南路鴨肥，北路雞嫩。南路鴨經廚師製作後，皮酥肉嫩，味道鮮美，還有濃厚的特殊香味。此菜就是選用成都南路鴨，用紅茶、白糖、紹酒、蔥、薑、桂皮、八角等十幾種原料精心製作，再經樟木屑及樹葉燻烤而成，所以被稱作為樟茶鴨子。其皮酥肉嫩，色澤紅潤，味道鮮美，具有特殊的樟茶香味。

成都市有一家專業醃滷鴨店，老闆姓張，人稱張鴨子。但張為大姓，偌大一個成都，賣醃滷鴨子的上百家，招牌數不勝數，難辨真假。為了以示區別，老買主才將張鴨子的出售地點加在前面，呼之為「耗子洞張鴨子」。耗子洞張鴨子店主人叫張國梁，一九二八年就與其父在提督街耗子洞門前賣燒鴨子。一九三一年遷到當時對面的「江東浴室」門口營業，取名「福祿軒」。第二年父親去世，他帶著兩個兄弟將生意撐持下來，是當地有名的老號樟茶鴨子店。

耗子洞張鴨子店製作樟茶鴨子選細嫩仔鴨，去淨血、剔淨毛。從翅膀下開小孔，取出內臟。腿用竹籤插固定型，入沸水鍋內略煮後出坯。入燻爐以樟樹葉和茉莉花茶末煙霧燻之。出爐後先入籠蒸，最後再下油鍋炸，使之呈棕紅色，取出切成小塊，裝盤時盤成鴨形，刷以香油。

吃樟茶鴨子時，一般應配蔥醬碟，與荷葉餅同食。荷葉餅為發麵蒸成的小餅，口感綿軟，味清淡，色潔白，而樟茶鴨子口感酥香，味濃厚，色棕紅，與荷葉餅形成視覺、觸覺和味覺上的反差，再加上蔥醬蘸食，更是妙不可言。此外，樟茶鴨還講究熱吃，現炸現吃，這樣樟茶味更為濃厚，如果再酌美酒一杯，徐徐啖之，那鴨味確乎無與倫比了。

許多中外顧客品嘗樟茶鴨子後，稱讚不已，說它可與北京烤鴨相媲美。四川名廚訪問香港時，不少顧客食用此菜後大加讚揚，說它是「一款融色、香、味、形四絕於一體的四川名菜」，引起各界人士極大的轟動，其名聲逐漸傳揚海外。

水晶餚蹄：色雅味佳

「水晶餚肉」又名「鎮江餚肉」，亦叫「水晶餚蹄」，是馳名中外的鎮江名菜，已有三百多年歷史。

水晶餚蹄是在古菜「烹豬」及「水晶冷淘」的基礎上發展起來的，其肉略呈淡紅，雖涼而酥爛易化；膠凍透明光滑，故曰「水晶」，柔韌順口，不肥不膩。此菜上桌時，可根據不同肉質切出不同名目的餚肉，如「眼鏡餚」、「玉帶鉤餚」、「添燈棒餚」、「三角棱餚」等。食之爽口開胃，色雅味佳，配以薑絲、香醋，更有番風味。

相傳三百多年前，鎮江酒海街有一家酒店。一天店主買回四隻豬蹄，準備過幾天再食用，因天然怕變質，便用鹽醃製。但他萬萬沒有想到，會誤把妻子為父親做鞭炮所買的一包硝當作了精鹽。直到第二天妻子找硝準備做鞭炮時才發覺，連忙揭開醃缸一看，只見蹄子不但肉質未變，反而肉質結實，色澤紅潤，蹄皮呈白色。為了去除硝的味道，他一連用清水浸泡了多次，再經開水鍋中焯水，用清水漂洗。接著入鍋加蔥薑、花椒、桂皮、茴香、清水燜煮。店主夫婦本想用高溫煮熟解其毒味，沒想到一個多鐘頭後鍋中卻散發出一股極為誘人的香味。「八仙」之一的張果老恰巧路過此地，也被香味吸引止步。於是他變成一個白髮老人來到小酒店門口敲門。店門一開，香味立刻飄到街上。眾人前來詢問，店主妻子一邊撈出豬蹄，一邊實話對大家說：「這蹄膀錯放了硝，不能吃。」但那位白髮老人把四隻豬蹄全部買下，並當即在店裡吃了起來。由於滋味極佳，越吃越香，結果一連吃了三隻半才甘休。等這老頭一走，人們才知道他是張果老。店主和在場的人把剩下的半隻蹄膀一嘗，都覺得滋味異常鮮美。此後，該店就用此法制做「硝肉」，不久就遠近聞名。後來店主考慮到「硝肉」二字不雅，方才改為「餚肉」。從此，「餚肉」一直名揚中外。

龍井蝦仁：杭菜一絕

龍井蝦仁，顧名思義，是配以龍井茶的嫩芽烹製而成的蝦仁，是富有杭州地方特色的名菜。蝦仁玉白，鮮嫩；芽葉碧綠，清香，色澤雅麗，滋味獨特，食後清口開胃，回味無窮，在杭菜中堪稱一絕。

龍井，原名龍泓。據說遠在三國時就被人發現，泉水從石洞中汩汩流出，常年不斷。傳說明代掘井抗旱時，從井底挖出一塊龍形大石頭，於是便稱為「龍井」了。龍井一帶產茶，在唐代已有記載。清代乾隆皇帝遊江南時，不僅飽覽了江南風光，還到過不少茶葉產地，品嘗了江南各種風味的名茶。據說，乾隆皇帝到杭州獅峰胡公廟飲了龍井茶，讚賞茶味佳美，水色清洌，幽香四溢，便將廟前十八棵茶樹封為「御茶」。

後來，清乾隆皇帝將茶農進獻給他的西湖龍井新茶帶回行宮。御廚在炒「玉白蝦仁」

時，大概是受了別的西湖名菜的啟發，將龍井茶葉入饌，從而在烹調技藝上進行一次大膽創造。這個菜，不僅用料別出心裁，火候也掌握得恰到好處。製作時，御廚用油滑鍋再下熟豬油後，立即放入上過漿的蝦仁，約滑十五秒鐘，就倒入漏勺瀝去油，再與用沸水泡過的新茶一起下鍋，用料酒一噴，在火上過一下，就起鍋裝盤。於是，就出現了「龍井蝦仁」這道名菜。「龍井蝦仁」色如翡翠如玉，透出誘人的清香，食之極為鮮嫩，成為杭州最著名的傳統名菜。

魚香肉絲：家常美味

魚香肉絲是一道常見川菜，以魚香調味而定名。魚香味的菜餚是近幾十年才有的，首創者為民國初年的四川廚師。魚香肉絲的「魚香」，由泡辣椒、川鹽、醬油、白糖、薑末、蒜末、蔥顆調製而成。此調料與魚並不沾邊，它是模仿四川民間烹魚所用的調料和方法，取名為「魚香」的，具有鹹、甜、酸、辣、鮮、香等特點，用於烹菜滋味極佳。

相傳很久以前在四川有一戶生意人家，他們家裡的人很喜歡吃魚，對調味也很講究，所以他們在燒魚的時候都要放一些蔥、薑、蒜、酒、醋、醬油等去腥增味的調料。有一天晚上，女主人在炒另一道菜的時候，為了不使配料浪費，把上次燒魚時用剩的配料都放在這款菜中。當時她還以為這款菜可能不是很好吃，怕丈夫回來後不好交待。就在她發呆之際，她的丈夫做生意回家了，不知是肚飢之故還是感覺這碗菜特別，沒等開飯就用手抓起菜往嘴中送，接著就迫不及待地問此菜是用何做的。女主人意外地發現丈夫連連稱讚其菜之美，於是一五一十地給他講了一遍。因為這款菜是用燒魚的配料來做的，所以取名為魚香炒。

川菜講究色、香、味、形，在「味」字上研究尤深，以味的多、廣、厚著稱。川菜口味的組成，主要有麻、辣、鹹、酸、苦、鮮、香七種，尤其以麻辣味見長，巧妙搭配，靈活多變，堪稱中外菜餚之首。辣椒乃一普通調味品，全國各地都使用，但川廚在使用上有獨到之處。在用法上有青辣椒、乾紅辣椒、糊辣椒、泡辣椒、辣椒粉、辣椒油等之分，並與花椒、醋、蒜配合使用。成菜的味別可分為魚香、酸辣、麻辣、怪味等，有的取其味，有的取其色，有的取其形。川菜的烹調特點有三重，即重用辣味、香味、鮮味。在烹製時，需用泡辣椒，也可用豆瓣醬或辣椒糊代之，不然便失去風味。

魚香肉絲這道菜經過了四川人若干年的改進，已早早列入四川菜譜，如魚香豬肝、魚香肉絲、魚香茄子和魚香三絲等。如今川菜蓬勃發展，「魚香肉絲」等著名菜餚香飄海外，從而贏得了「一菜一格，百菜百味」的美譽。

蝴蝶海參：八珍大菜

海參，作為一種海鮮珍味，與燕窩、魚翅等相列為「八珍」，在明清時代已十分盛行，至今仍是宴席之上品。在全國各地方菜系中，「蝴蝶海參」是揚州名貴的一道海參大菜，也是宴席中的佼佼者。

身價高貴的海參，食用的歷史並不太久。據目前所見最早者，是元代賈銘著的《飲食須知》：「海參：味甘鹹，性寒滑，患泄瀉痢下者勿食。」這裡僅言其性，未知其食法。直到清代時，言海參入饌者才日見增多。如孔府名饌「竹影海參」的傳聞就是其中之一。相傳孔子第七十六代孫「衍聖公」孔令貽一生酷愛書法，對畫竹也頗有興趣，時常約一些文人作詩繪畫。一次，孔令貽聚朋飲酒時，廚師用雞脯肉剁泥製成竹節形，加入海參，入三套湯上席（此菜原名「清湯海參」）。主人即景生情曰：何不以「竹影」為名。遂易其名流傳至今。以後海參菜成為「滿漢全席」中的名菜。繼而又有「海參席」的出現。不過這種海參席，並非席中菜皆海參，而是以海參菜為主菜而得名的。

山東傳統名菜「蝴蝶海參」是清代大型宴席中的「八珍菜」之一，是熱菜造型中極有特色的菜餚。其製法是將上好的刺參順長片成薄片，在沸水中燙過，撈出，用潔淨布吸乾水分，加工成「蝴蝶」形。雞料子放碗內，加入精鹽、濕澱粉攪勻成料品。將白油均勻地抹在平盤上，海參片面朝上，平鋪在盤內。雞料捏成蝴蝶身子形，以火腿絲做「嘴」和「身上」的紋路，魚翅針作「鬚」，黑芝麻安在頭部作「眼」，香菜葉作尾部飄帶，成「蝴蝶」狀。然後放入籠內蒸約五分鐘取出。把炒勺放中火上，加入清湯、醬油（數滴）、精鹽、紹酒燒沸，盛入大湯碗內，將蒸好的「蝴蝶」推入湯碗，即成。此時，蝴蝶海參多數應飄浮湯面，湯鮮肉嫩，造型美觀。

此菜濃汁白湯，味鮮醇厚，海參片形似蝴蝶，入口滑潤，軟韌而嫩，深受人們的稱讚。

大煮干絲：揚州干絲堆細縷

揚州菜中有一道既普通而又高級的菜，那就是「大煮干絲」。說其普通，因為它的主料採用的是豆腐干；謂其高級，乃是因為它製作精細，風味獨特。

「大煮干絲」又名「雞汁干絲」或「雞火干絲」。這道菜的刀工與火候要求特別嚴格。首先得將約一公分厚的特製豆腐干切成二十四張均勻的薄片，然後再切成如同火柴梗般的細絲。用沸水燙兩遍，以去除豆腥味。接著配以雞絲、雞肫肝、腰花、筍片等輔料，加雞湯、調料燒製而成。燒時先用武火，最後用文火稍燜片刻，方能入味。裝盤時蓋以熟蝦仁、豌豆苗、火腿絲等（配料隨季節而定，夏令可加脆鱔，冬月可加冬菇）。這道菜色彩鮮豔，干絲綿軟，配菜香嫩，風味十分佳美。

「大煮干絲」所以做得如此佳美，是由於繼承傳統的緣故。人們食用豆腐製品的歷史是頗為悠久的。據傳，在二千多年前就發明豆腐了，及至宋代，已有了「雪霞羹」、「東坡豆腐」、「蜜漬豆腐」、「啜菽」（五味拌豆腐條）等豆腐名菜。而以豆腐干為主料的名菜，更多見於明清。在清代，揚州鹽商、官僚、文人雲集，茶社應運而生，相互競爭。就這樣，揚州廚師創制出了「加料干絲」。清人惺庵居士有一首〈望江南〉詞寫道：

揚州好，茶社客堪邀。加料干絲堆細縷，熟銅菸袋臥長苗，燒酒水晶餚。

這詞簡直是一幅風俗畫，描繪了當時的食客一邊抽菸，喝酒，吃餚肉，一面吃「加料干絲」的情景。應當說，昔日的「加料干絲」正是今日揚州「大煮干絲」的前身，只不過如今做得更精緻罷了。

除「大煮干絲」外，揚州還有一種大眾化的「燙干絲」。是將干絲用沸水多次浸泡後，擠乾入盤，澆以麻醬油，撒上開洋（蝦米仁）、嫩薑絲而成的，也非常爽口。

由於「大煮干絲」、「燙干絲」既富有營養，又味美、清淡，所以深受廣大顧客的歡迎。

麻婆豆腐：又鮮又嫩

麻婆豆腐是中國豆腐菜餚中最富地方風味特色菜之一，已成為風靡世界的川菜名餚。此菜有一百多年的歷史，是成都「陳麻婆豆腐店」傳世佳餚。凡到四川的遊客莫不以一嘗為快事。麻婆豆腐由於名聲卓著，已流傳全國，乃至日本、新加坡等國家。

一八二四年，聞名中外的四川陳麻婆豆腐飯店在萬福橋頭開業了。當時這只是一個經營素飯小菜的夫妻店，飯店由劉氏掌灶，因為她夫家姓陳，臉上又有麻子，人們背後都把她叫做陳麻婆。

萬福橋頭是開飯館的好去處，南來北往的客商不斷。一天，一位來萬福橋歇腳的「油腳子」（販油的腳夫）買來兩塊豆腐和一點牛肉，從自己的油簍子裡舀上一勺菜油，請求陳麻婆代為加工。陳麻婆立即應允。當香氣四溢，顏色誘人的牛肉末燒豆腐端上飯桌時，其他「油腳子」也饞涎欲滴，紛紛買來豆腐和牛肉，並也舀上一勺子菜油請陳麻婆代為烹製。因為油大火旺，豆腐雪白綿軟，下鍋不爛，牛肉又鮮又嫩，所以陳麻婆燒製的豆腐可口異常。從此，一傳十，十傳百，不但「油腳子」，後來連一些文人雅士，富商巨賈也慕名前來這裡品嘗陳麻婆燒製的豆腐了。久而久之，陳麻婆燒製的豆腐遂成為四川一道風味獨特的名菜。人們為了稱呼方便，便把陳麻婆店燒製的豆腐稱作「麻婆豆腐」，她所在的陳家小店也自然地被命名為陳麻婆豆腐店了。

出了名之後，陳麻婆依然採取廉價招客，味美取勝的策略，小店依然是舊式方桌和高腳板凳，只以麻婆豆腐待客，而且門前不掛招牌。麻婆豆腐另一個吸引人之處是當面操作。爐灶設在店堂之中，一排三眼焦炭爐，火力從大到小，灶頭上放著辣椒、豆豉、醬油、川鹽、花椒末等佐料。顧客交來豆腐、肉和油之後，可以坐等，也可以在灶前觀賞操作。陳麻婆有條不紊，先用大火煸炒肉末，下豆腐及佐料後，再移至中灶小火煨靠入味，最後勾芡盛碗上桌，宛如現在烹飪技術表演一樣。別的飯館見麻婆豆腐有名，紛紛效尤，有的大飯店還把麻婆豆腐當作一款名菜。但品嘗過的人卻評論，無論哪家飯館，總不及陳麻婆豆腐店燒製的麻婆豆腐那樣具有魅力。

麻婆豆腐色澤淡黃，豆腐軟嫩而有光澤，其味麻、辣、酥、香、嫩、鮮、燙，豆腐表面蓋有一層淡紅色的辣油，可保持豆腐內的熱度不會很快散失，趁熱吃滋味更佳，花椒香氣也撲鼻。在寒冬季節食用，更是取暖解寒的美味佳餚。

燒豬頭：齒頰留香真美味

在美食體系中，豬頭通常被認為是下賤的菜，與下水（泛指內臟）、豬腳一起賣，以低廉美食的身份，做了窮人的牙祭和下酒菜，上不得席面。豬頭因為很難料理，以及有種特別的味道（一般人認做臭味），很難稱為高檔食材，在歷代宮廷名菜中都難覓蹤跡，加上歷代文人也極少吟詠讚嘆豬頭做的美食，因此即便在地方菜系中也很難成為名菜。

但在淮揚菜中有個例外，揚州名菜有道「扒燒整豬頭」，與揚州獅子頭、拆燴鰱魚頭並稱「揚州三頭」。「扒燒整豬頭」在揚州已經有數百年的歷史，據清代《揚州風土詞萃》中白沙惺庵居士的〈望江南〉詞寫到：「揚州好，法海寺閒遊。湖上虛堂開對岸，水邊團塔映中流，留客爛豬頭。」

這道「留客爛豬頭」果然是迷倒了不少食客，清代徐珂在《清稗類鈔・法海寺精治餚饌》中就忘情地寫到：「宣統己酉夏，林重夫嘗至寺。留啖點心，佐以素食之餚核，甚精，然亦有葷品。設盛席時，亦八大八小，類於酒樓，且咄嗟立辦。其所制燜豬頭，尤有特色，味絕濃厚，清潔無比，惟必定預定。燜爛以整者上，攫以箸，肉已融化，隨箸而上。食者之當於全席資費之外，別酬以銀幣四圓。李淡吾嘗食之，越歲告重夫，謂尚齒頰留香，言時猶津津有餘也。」

在清代袁枚的《隨園食單》中記載了「燒豬頭二法」，其中一法實際上就是揚州的「扒燒整豬頭」。具體做法是「洗淨五斤重者，用甜酒三斤；七八斤者，用甜酒五斤。先將豬頭下鍋同酒煮，下蔥三十根、八角三錢，煮二百餘滾；下秋油一大杯、糖一兩，候熟後嘗鹹淡，再將秋油加減；添開水要漫過豬頭一寸，上壓重物，大火燒一炷香；退出大火，用文火細煨，收乾以膩為度；爛後即開鍋蓋，遲則走油。」

豬頭的做法在清代已經發展到了極致，《調鼎集》中就記載了至少十四種做法，包括：煨豬頭、蒸豬頭、鍋燒豬頭、醉豬頭、爛豬頭、豬頭糜、陳豬頭、豬頭膏、派豬頭、糟豬頭、紅燒豬頭、煮豬頭等。

這其中的「糟豬頭」至少在明代就是江南一代成熟的名吃了，一般做秋冬時解饞的好東西。其具體做法是，將豬頭整乾淨，用醪糟水擦洗，壓放一整夜後，再按一斤肉、四兩油、三兩鹽的比例，還需要加冰糖、鹽、蔥、薑等，放入容器中糟一～二天，再撈出蒸熟，其肉醇美酥爛，堪比熊掌之味。

豬頭雖難上上等席面，在民間卻是持久的美食，更成為民間節慶、祭祀不可少的美食。中國人有祭祀用「三牲」的習俗，豬是「三牲」之一，豬頭也作為祭品被廣泛應用在祭祀窯神、祖先等典禮中。

在江西婺源，除夕講究吃年湯，主料就是豬頭。焚香祭祖之後，將預先買好的豬頭入鍋加湯燒煮，煮熟後將豬頭撈出，再將調和好的麵粉攪入豬頭湯中，並加肉丁、冬筍、丁香等佐料，煮成糊狀，全家團坐一起享用；這煮好的豬頭，也切成薄片上桌。

宋代詩人范成大的《祭灶詞》中描述了當時過節祭祀的情形，其中就有「豬頭」：「古傳臘月二十四，灶君朝天欲言事。雲車風馬小留連，家有杯盤豐典祀。豬頭爛熟雙魚鮮，豆沙甘松米餌圓。男兒酌獻女兒避，酹酒燒錢灶君喜。婢子鬥爭君莫聞，貓犬觸穢君莫嗔。送君醉飽登天門，勺長勺短勿復云，乞取利市歸來分。」

中國人試圖用黏糯米糕和豬頭爛熟雙魚鮮來堵住「灶王爺」的嘴，讓他「上天言好事，下界保平安。」

豬頭更是江湖宴會、集體會餐最多使用的美食之一。豬頭肉是肥肉和瘦肉的「天作之合」，妙在肥瘦相間，其中豬拱嘴部分已經不能分清是肥肉還是瘦肉了。煮到恰到好處的豬頭肉，皮層厚，韌勁足，耐咀嚼，有香味。是一種讓人容易上癮的美食。

近代大文人周作人也是一位「豬粉」，他專門有篇〈豬頭肉〉的文章：「小時候在攤上用幾個錢買豬頭肉，白切薄片，放在乾荷葉上，微微灑點鹽，空口吃也好，夾在燒餅裡最是相宜，勝過北方的醬肘子。江浙人民過年必買豬頭祭神，但城裡人家多用長方豬肉……」

佛跳牆：佛聞棄禪跳牆來

歷史傳統名菜佛跳牆，相傳源於清道光年間，算來距今將近兩百年歷史。此菜以十八種名貴主料、十多種輔料互為融合。其原料有豬肚、蹄尖、蹄筋、火腿、雞鴨肫；有魚翅、海參、鮑魚、干貝、魚高肚；也有鴿蛋、香菇、筍尖、竹蟶等共三十多種原料與輔料分別加工調製而成。

關於這道菜的來歷起源及創始，說法頗多。據費孝通先生記載，有這樣幾說：

一說，發明此菜者乃一幫要飯的乞丐。這些乞丐拎著破瓦罐，每天到處要飯，把飯店裡各種殘羹剩飯全集在一起。據說有一天，有一位飯店老闆出門，偶然聞到街頭有一縷奇香飄來，循香而發現破瓦罐中，乃是剩酒與各種剩菜倒在一起。這位老闆因此而得啟悟，回店以各種原料雜燴於一甕，配之以酒，創造了佛跳牆。

二說，福建風俗中有一個規矩叫「試廚」。按這規矩，新婚媳婦第一天上門，第二天回門，第三天須到夫家在大庭廣眾面前試廚，這是對新媳婦治家本領的測試。

相傳有一個從小嬌慣的女子，不會做菜，出嫁前為即將到來的試廚而煩惱。母親為女兒想盡了辦法，最後把家藏之山珍海味都翻找出來，一一配製後用荷葉裝成小包，反覆叮囑女兒各種原料的烹製方法。誰知這位新娘到了試廚前一天，慌亂中忘記各種烹調方法。她到了晚上才到廚房，把母親包好的各種原料一包包解開，堆了一桌無從下手，正在無計可施之際，又聽公婆要進廚房。新媳婦怕公婆挑剔，見桌邊有個酒罈，匆忙中將所帶的原料都裝入罈內，動手用包原料的荷葉包住了罈口，又把這酒罈放在火快滅了的灶上。想想明天要試廚，新媳婦生怕自己無法應付，就悄悄溜回了娘家。第二天，賓客都到了，卻見不到新媳婦。公婆進廚房，發現灶上有個酒罈，還是熱的。剛把蓋掀開，就濃香四溢，賓客們聞到香味都齊聲叫好，這就成了佛跳牆。

還有一說來自筆記所記。按筆記所記，此菜創於光緒丙子年。當時福州的一位官員，設家宴請當時的布政使周蓮。這位官員的內眷是位烹調高手，她以雞鴨、豬肉齊入紹興酒罈內煨製，上桌後香氣撲鼻。周蓮品嘗讚不絕口，命家廚鄭春發仿製。鄭春發求教於官員內眷，回來改造原料，多用海鮮少用肉，起名為「罈燒八寶」。

而且據稱，這道佛跳牆前後共改換過三個菜名。剛開始叫「罈燒八寶」，後來叫「福壽全」，再後來才叫「佛跳牆」。至於從「福壽全」改為「佛跳牆」，也有兩種說法。

一說此菜在聚春園成為佳品後，經常有文人墨客聞名而來。這些文人品嘗後，讚歎不已，免不了要以詩助興。一天有一幫秀才宴飲之餘，輪流賦詩。其中一位賦詩曰：「罈啟葷香飄四鄰，佛聞棄禪跳牆來。」意思是此菜香味太誘人，連佛都會啟動凡心。另一說是此菜啟罈後濃香四溢，剛巧隔牆有寺，香氣使隔牆和尚垂涎欲滴，於是不顧一切清規戒律，越牆而入，請求入席。此菜食物多樣，軟糯脆嫩，湯濃鮮美，味中有味，回味無窮，營養豐富，並能明目養顏、活血舒筋、滋陰補身、增進食欲。

第三章 小吃名點路邊攤，暢快吃風味

小吃，說起來難登大雅之堂，一般就地取材，充滿了當地特色。小吃是一個地區不可或缺的重要風味。背井離鄉久居海外的人們，可以把外語說得滾瓜爛熟甚至超過母語，卻很難改變娘胎裡帶來的飲食習慣，小時候街頭吃的幾塊臭豆腐，或是家常的熱乾麵……就是他們心目中最思念的美食。

臭豆腐：聞著臭，吃起來香

「臭豆腐」其名雖俗氣，卻外陋內秀、平中見奇、源遠流長，是一種極具特色的風味，一經品味，常令人欲罷不能，一嘗為快。

長沙和紹興的臭豆腐干相當聞名，但其製作以及味道均差異甚大。但都是聞起來臭，吃起來香，這是臭豆腐的特點。

長沙的臭豆腐稱為「臭干子」，以火宮殿為官方代表，選用上等黃豆做成豆腐，然後把豆腐浸入放有乾冬筍、乾香菇、瀏陽豆豉的鹵水中浸透，表面會生出白毛，顏色變灰。初聞臭氣撲鼻，用油鍋慢慢炸，直到顏色變黑，表面膨脹以後，就可以撈上來，濃香誘人，澆上蒜汁、辣椒、香油，即成芳香鬆脆、外焦裡嫩的臭干子。

紹興油炸臭豆腐是用壓板豆腐切成二・五公分見方的塊，放入黴莧菜梗配製鹵中浸泡，一般夏季浸泡約六小時，冬季浸泡約二天，然後撈起，用清水洗淨，晾乾水分，投入五成熱油鍋中炸至外脆裡鬆即可，顏色為黃色，可蘸辣醬吃。

臭豆腐是有著豐富文化底蘊的民間休閒小吃，距今已有近千年的歷史，臭豆腐最風光的時代可追溯到清宣統年間，慈禧太后賜名「青方」，使得臭豆腐立即名揚天下，據歷史考證慈禧太后也有吃紹興臭豆腐的嗜好，還將其列為御膳小菜。紹興臭豆腐好吃，究其原因還是那一罈好鹵，鹵的製作方法極其複雜，不僅僅是用新鮮蔬菜醃製讓其自然發酵，而是在其醃製和發酵過程中，不斷加入各種香料精心調製，沒有幾年的時間不敢稱老鹵或好鹵，只能稱為清鹵。

老婆餅：清甜可口

老婆餅是廣東潮汕一帶的知名點心，其表皮金黃誘人，裡面的油酥層層疊疊、薄如棉紙，包入冬瓜蓉做成的餡料，清甜酥鬆，口感絕妙。

老婆餅源自廣州的蓮香茶樓。蓮香茶樓是一家創辦於清朝末年的老號茶樓，以各式點心馳名。當年，蓮香茶樓有一位來自潮州的糕點師傅，一次回家探親時，想為妻子捎點禮物，想來想去也不知道帶些什麼，於是便將店裡的招牌點心帶回家，以討妻子的歡心。出人意料的是，糕點師傅回到家中，他的妻子嘗了帶回來的糕點後，非但一句稱讚的話都沒有，還說比不上她娘家一種稱為冬瓜角的點心！這位師傅聽了之後心裡自然不服氣。妻子看著丈夫一臉不信的表情，就用冬瓜蓉、糖、麵粉做出了焦黃別致的冬瓜角。這位潮州師傅一嘗，果真皮酥餡滑，清甜可口，大大出乎他的意料。等這位師傅回廣州時，他的妻子又做了一些冬瓜角，讓他帶去給茶樓的其他師傅們嘗嘗。蓮香茶樓的師傅們嘗過後，也紛紛讚不絕口。因為這是潮州師傅的老婆所做，大家便把它叫做老婆餅。後來，蓮香茶樓的糕點師傅們將之改良後推出，結果大受顧客歡迎。老婆餅由此出名，流傳至今。

老婆餅製作方法：

取麵粉加水、油和成水麵團。另取麵粉加油和成油酥麵團。將兩麵團分別做成麵劑。將水油麵劑包入油酥麵劑，擀開再折起，如此重複兩次，再擀成麵皮，包上白糖、冬瓜蓉製成的餡、按扁。在外皮上抹些蛋清，入烤爐烤至表皮金黃即可。

老婆餅的絕妙口感，來自於裡頭層層疊疊、薄如棉紙的油酥皮。糕點師傅說，要作出這份層次感相當費工夫，首先在材料上，要將水油麵團與油酥分開處理，將水油麵包入油酥，擀開再折起，如此重複兩次，利用水與油互不相溶的特性，作出酥鬆分明的層次感！另外在整個過程中，力道要均勻，千萬不能將面皮擀破，兩種麵團和在一起，就會失去層次感！

至於香甜的內餡，傳統的潮州「老婆餅」包入的是冬瓜蓉，所以也稱為「冬茸餅」，傳入臺灣後，甜餡內容改以單純的糖為主，清甜的香味一樣迷人可口！

雲南過橋米線：滑嫩爽口

米線是雲南的地方小吃，過橋米線是米線中的上品，以用料考究，製作精良，吃法獨特，獨具風味而聞名中外。

過橋米線已有一百多年的歷史，它源於滇南蒙自縣，一九二〇年，昆明市建立了第一家過橋米線館「仁和園」。傳說有一秀才在南湖的湖心小島念書，秀才妻每日都要走過石砌的小橋給夫送飯。一日，妻子念丈夫讀書辛苦，燉了一隻又肥又壯的母雞，裝入罐中，正準備送飯給丈夫，由於有要事未能按時送去。當她辦完事後，發現湯罐還是熱乎乎的，原來是厚厚的一層黃油覆蓋湯麵，達到了隔熱作用。於是便穿小道，走石橋，送到丈夫身邊，將米線往熱雞湯裡浸泡後，隨即撈出放入碗裡，秀才吃了十分滿意。此事被傳為美談，人們為了讚譽這位賢能的妻子，便將這種食品取名「過橋米線」。

過橋米線由三部分組成，既湯、肉片和米線以及各種佐料。湯是由雞、鴨和豬腿骨、排骨熬制而成；肉片則是將雞脯肉、豬里肌肉、魚切成薄片置於盤中，豬肝、腰子、豬肚等切成薄片後放入溫水汆至半熟，去掉血腥味後也置於盤中；雪白的米線擺在另一個大盤內。佐料則由蔥薑、青菜、腐皮等組成，吃時可自行選擇不同的配料與口味。

吃過橋米線時，在瓷碗內放入胡椒粉、香油，再把滾開的湯舀入碗內，接著把各種半熟肉片分別放入碗中燙熟，然後加入米線並分別放入各種蔬菜浸燙，而後將各種調配好的佐料置於碗中。看起來五色紛呈，鮮豔美觀，食之滑嫩爽口，油而不膩，清口醇鮮，鮮香異常，食後令人每飯不忘，回味無窮。

熱乾麵：武漢名片

說到武漢，就不能不提「熱乾麵」，它與山西的刀削麵、兩廣的伊府麵、四川的擔擔麵、北方的炸醬麵並稱中國的「五大名麵」。

相傳，二十世紀三〇年代初，在漢口有個走街串巷、搖撥浪鼓賣熟食的小販，此人姓李，大名不詳，只因頸子上長了個肉瘤，別人稱他「李包」。他挑擔叫賣，主營涼粉，兼售湯麵。

有年三伏天的傍晚，李包叫賣了一天，已是精疲力竭，但還剩下不少麵條。因為擔心剩麵過夜後會變餿，李包就把它全部煮熟了，然後用笊籬撈起，晾在案板上。不料，勞累的他，一不小心碰翻了擱在案板上的油壺，潑在麵條上的麻油散發出陣陣清香。正在懊惱的李包，突然靈機一動，乾脆一不做二不休，索性將麵條與潑灑的麻油攪拌均勻、晾乾。

這樣一來，麵條既有香味又能防黏。

第二天清早，李包挑擔上街叫賣。他把頭一天浸了麻油的乾麵條，迅速放進沸水鍋中熱一下，然後很快地用笊籬撈出裝碗，拌以大頭菜絲、榨菜末、雞腳菜、蟄皮絲、醬蘿蔔末、麻油、芝麻醬等十多種調味佐料，供顧客享用。出人意料的是，吃慣了湯麵的老顧客，一吃此麵，無不誇讚，有的人連吃數碗仍不解饞。有人問：「這是什麼麵？」李包漫不經心地應聲答道：「熱乾麵。」從此「熱乾麵」一炮而紅，美食之名遍傳人口，新老顧客紛至遝來。沒有幾年時間，經營「熱乾麵」的餐館遍佈武漢三鎮的街頭巷尾。

就這樣以細長爽口、光滑油潤、香濃味鮮為特色的「熱乾麵」，成了武漢人最愛吃的風味小吃，成了武漢的城市名片之一。

「鬼城」抄手：好吃到不要命

豐都「鬼城」聞名天下。根據以前傳說，當人的軀殼消亡之後，亡靈就會來到「豐都鬼國」，等待十殿閻羅發落。生前積德行善的人會升入天界，為非作惡的人會被投進地獄，其餘的則要等待天、人、神、鬼、傍生（牛、馬乃至蚊、蟻等動物）、地獄等六道輪迴的考驗，尋求轉生機緣。由於這些離奇的說法，古往今來到「鬼城」求神拜佛、祈福還願、施物濟人的人來往不斷。不管出於何種目的，來到「鬼城」的人，必會品嘗當地的小吃「抄手」。

「鬼城」抄手又叫「鬼城」包麵，以皮薄餡多、調味鮮香著稱，與「鬼城」同樣聞名遐邇。「鬼城」抄手品種多樣，根據餡料可分為豬肉抄手、牛肉抄手、雞肉抄手、羊肉抄手等；湯料又分雞汁湯、骨髓湯和三鮮湯。

當地流傳著一句話：「有了抄手不要命。」以此來形容人們對「鬼城」抄手的喜愛。這句話並非出自豐都人的自誇，而是有一個有趣的來歷。

據說民國三十年（一九四一年）間，有幾位外地客因避難流落到豐都，有一次，幾個人來到一家叫麥地香的麵館吃飯，點了抄手和湯麵。抄手上來後，幾位客人三口兩口便吃光了，吃完又要，店夥計連著上了四次抄手，被他們的大食量嚇到了，脫口說道：「先生，你們吃完抄手還要不要『命』？」當地話裡「麵」與「命」同音，夥計的意思是還要不要上麵。客人吃得正高興，冷不丁聽見這句話，十分震驚，以為發生了什麼意外，一個個撒腿奔到店外。他們一跑，店主和夥計還以為遇上吃霸王餐的了，齊聲喊叫著追了出來。外地客被攔阻回來，攪鬧了半天，雙方才弄明白因為語言不通發生了誤會。這個笑話很快傳得盡人皆知，「鬼城」抄手一時名聲大振。從此這句話變成食客們的口頭語。

「鬼城」抄手選用上等麵粉和新鮮豬、牛、羊等畜肉為原料，另加雞蛋、鹽調製為餡，而且麵皮薄如紙，肉餡大如丸，有「吃麵又吃肉，吃了包麵當吃飯」的美譽。另外，其湯料也非常講究，不論雞汁湯、骨髓湯還是三鮮湯，調製時都加香菇和黃豆芽熬煮，香味濃郁，清鮮可口。一般豬肉抄手配雞汁湯，雞肉抄手配骨髓湯，牛、羊肉抄手配三鮮湯。原湯濁白，滋味醇厚，因此又有「一碗鮮湯穿喉過，五臟六腑活起來」的讚歎。

羊眼包子：譽滿京城

回民很講究飲食，智慧勤勞的回族婦女能做出許多獨具風味的特色食品，大家知道的有饊子、牛肉拉麵、油香、手扒羊肉、「夾板」等等，如果您能在回族人的三大節日開齋節、宰牲節和聖紀節到回民家中做客，定能一飽口福，大開眼界。

羊眼包子是回民飲食中的佳品。相傳，清朝康熙皇帝，曾喬裝打扮到前門外，品嘗回民羊肉包子鋪的羊眼包子。康熙皇帝走進羊肉包子鋪，殷勤的回民掌櫃用小托盤送來了兩杯蓋碗茶。向康熙皇帝問安後，陪著笑臉說：「不怕爺惱，爺在裡邊（宮廷）什麼山珍海味沒嘗過，還屈駕來嘗羊眼包子，小的實在不敢孝敬。」康熙明知自己的身份已被識破，還是佯裝要吃包子。掌櫃的無奈，只好說：「爺嘗臉，一定要吃，那請稍等會兒。」不一會兒，便送來了熱騰騰的小包子。康熙用筷子挾一個放在碟子裡，細心地觀察。只覺陣陣香味撲鼻，放到嘴裡一嘗，果然味道鮮美，口感不一般。但是，康熙帝左找右找也未看見「羊眼」，便問掌櫃的：「為什麼看不見羊眼呢？」掌櫃忙回答說：「回爺的話，有罪不敢欺瞞。餡肉沒有羊眼，只是做的精細些，包的個頭小一點，像個羊眼，就取了個『羊眼包子』的名字。」康熙嘗了兩個，覺得非常可口好吃，便傳旨：「朕覺得羊眼包子很好，可經常送到宮中，找內務府開銀。」

從此，羊眼包子聲名大噪，譽滿北京城。於是，四城各處的回民都做起羊眼包子，遂成了回民喜食美味。

羊眼包子做法並不太難。一種做法是把發好的白麵切好，再加入適量的白糖、鹼，揉和均勻。選用肥嫩綿羊的上腦剁成餡，加入水發干貝和玉蘭片、蔥、薑汁，把餡打成後，再加入香油和少許鹽，現包現蒸，每個包子的大小如「羊眼」一般大。另一種做法是把發好的精白麵粉和好，不放白糖，放適量鹼，攪和勻適。羊肉餡同上，加配料水發蝦仁和水發木耳塊、蔥末、薑汁、鹽、香油等攪均勻。包的大小和蒸發與前一種完全一樣。

鹹魚餅子：美味又果腹

大連三面環海，早期人們以捕魚為生，為了早點靠岸賣出海貨，漁民必須早出海，每天至少有一頓飯是一定要在海上吃的，鹹魚餅子吃起來又方便又快捷。

一般對漁民來說，以前冬季新鮮蔬菜少，只有白菜蘿蔔，調劑菜餚時，經濟實惠又隨處可買的小魚兒就成為家庭主婦的首選，家家戶戶每年都要鹽漬和晾晒一些鹹魚，鹹魚和苞米麵餅子成為最佳組合，家中吃飯、外出帶飯都少不了。後來鹹魚餅子以其獨特的味道，漸漸走上街頭，成為著名小吃。

最早的鹹魚是取之海邊現打上的小黃花、黑魚，現在是偏口魚或小嘴魚當家，在海邊直接晾晒，大連叫「一鹵鹽兒」，鹹度適中，乾濕適度，上鍋蒸熟，鮮鹹適口，外韌裡嫩，頗有嚼勁。

餅子是當年的新玉米麵，用農家大鐵鍋添水燒開，把玉米麵團一個個拍成餅子貼在鍋邊，蓋鍋加柴草大燒，鍋邊冒大氣並溢出餅子香氣即迅速撤掉灶內柴草，用其餘熱烘出餅子底面至焦脆，起出用刀將餅子切成塊裝盤。成魚與餅子同食，口味純正，味道獨特。尤其適合那些只喝酒不吃飯的「酒鬼」，一道「鹹魚餅子」，「飯菜」都有了。

鹹魚餅子從當地農村流入城市，讓即使不住在海邊的人們，依然能品嘗到它的美味。現在所有小館子大飯店都吃得上，它已經成為大連一道富有特色的小吃。

燒賣：熱騰騰、香噴噴

燒賣是非常引人喜愛的特色小吃，據說起源於包子。它與包子的主要區別除了使用未發酵麵製皮外，還在於頂部不封口，作石榴狀。最早的史料記載：在十四世紀高麗（今南北韓）出版的漢語教科書《樸事通》上，就有元大都（今北京）出售「素酸餡稍麥」的記載。該書關於「稍麥」注說是以麥麵做成薄片包肉蒸熟，與湯食之，方言謂之「稍麥」。「麥」亦做「賣」。又云：「皮薄肉實切碎肉，當頂撮細似線稍繫，故曰稍麥。」「以麵作皮，以肉為餡，當頂做花蕊，方言謂之燒賣。」如果把這裡「稍麥」的製法和今天的燒賣作一番比較，可知兩者是同一樣東西。

到了明清時代，「稍麥」一詞雖仍沿用，但「燒賣」、「燒麥」的名稱也出現了，並且以「燒賣」出現得更為頻繁些，如《儒林外史》第十回：「席上上了兩盤點心，一盤豬肉心的燒賣，一盤鵝油白糖蒸的餃兒。」清代無名氏編撰的菜譜《調鼎集》裡便收集有「葷餡燒賣」、「豆沙燒賣」、「油糖燒賣」等，其中「葷餡燒賣」是用雞肉、火腿配上時令菜作餡製成。「油糖燒賣」則用板油丁、胡桃仁和白糖做餡製成。

關於「燒賣」的來歷、傳說，早年的燒賣都在茶館出售，食客一邊喝著濃釅釅的磚茶或各種小葉茶，吃著糕點，一邊就著吃熱騰騰的燒麥，故燒賣又稱「捎賣」，意即「捎帶著賣」之意。

早在乾隆三年，浮山縣北井里村王氏，就在北京前門外的鮮魚口開了個浮山燒賣館，並製作炸三角和各種名菜。某年除夕之夜，乾隆從通州私訪歸來，到浮山燒賣館吃燒賣。這裡的燒賣餡軟而噴香、油而不膩，潔白晶瑩，如玉石榴一般。乾隆食後讚不絕口，回宮後親筆寫了「都一處」三個大字，命人製成牌匾送往浮山燒賣館。從此燒賣館名聲大振，身價倍增。

時至今日，燒賣已成了美味可口的主食，現時各地燒賣的品種更為豐富，製作更為精美。如河南有切餡燒賣，安微有鴨油燒賣，杭州有牛肉燒賣，江西有蛋肉燒賣，山東臨清有羊肉燒賣，蘇州有三鮮燒賣，湖南長沙有菊花燒賣，廣州有乾蒸燒賣、鮮蝦燒賣、蟹肉燒賣、豬肝燒賣、牛肉燒賣和排骨燒賣等等，都各具地方特色。

鍋巴菜：乾隆親賜的小吃

鍋巴菜是天津獨有的地方風味小吃。鍋巴菜的主料鍋巴，以上等綠豆和優質小米水磨成漿，攤成薄煎餅，切成柳葉塊。以香油、薑末、蔥花、麵醬、醬油、醬豆腐等打成滷。然後，將鍋巴放入滷內，輕輕拌和，以鍋巴完全沾滿滷為止，隨即盛入碗內，再加上辣油、香油、麻醬、醬豆腐汁、香菜葉等。鍋巴菜酥爽清香，滑潤適口，再配以芝麻燒餅，風味異常。鍋巴菜不是菜，而是羹湯一類。早年做鍋巴菜最好的當屬大福來，其創始人張蘭，據說是當年水滸英雄「菜園子」張青和「母夜叉」孫二娘的後人。

多年以來，老張家都一直延續著在天津賣煎餅的營生。到清代乾隆年間，這張記的煎餅鋪生意在市面上做得很有起色。有一回趕上乾隆皇帝微服私訪打此地路過，吃慣了山珍海味的乾隆，特別想嘗嘗民間最爽口的煎餅捲大蔥。吃得舒坦，著急難免犯噎，他就想跟店家要點熱湯，店裡本來不賣湯，可掌櫃張蘭覺得這老爺子談吐不俗挺有身份的，趕忙招呼內人郭八姐著手打點。這郭八姐是吃百家飯長大的苦出身，做事俐落頭腦機靈，見客人嘴急，就想起當年自己常吃的糊飯嘎泡菜湯，又解飽又解乏。

當即就把現成的煎餅撕成碎片浸入菜湯中，再放上點油鹽和香菜等佐料，一大碗熱乎乎的清湯就端了上來。乾隆正噎得難受，見了湯，不由分說就喝了一大口湯。煎餅爽口，清湯順口，乾隆指著湯就問：「叫什麼名字啊？」郭八姐以為問她名字，接著就回答：「郭八……」乾隆一聽，「鍋巴倒也合理，鍋巴的嘎巴嘛！若再加個菜字，叫鍋巴菜，最宜下乾糧，更好。」

第二天，乾隆的侍衛來到張記煎餅鋪，開口就說：「掌櫃的，你的大福來了！」搞得張蘭莫名其妙。「可知道昨天吃煎餅的人是誰嗎？是當今皇上乾隆爺！皇上誇你們的鍋巴菜好，看你們生活清苦，特賞銀二百兩。」張蘭接過銀子又驚又喜，立即叩頭謝恩。

從此，張蘭將這個侍衛所說的「大福來」取代「張記」，成為店鋪號，煎餅鋪也改成鍋巴菜鋪，藉著乾隆的賜封，鍋巴店生意十分興隆。到了光緒年間，張蘭重孫張起發又改進了工藝，發明了大小滷製法並添加了六種小料，不斷完善提高，才有了今天人們交口稱讚的小吃——鍋巴菜。

羊油饊子：草原美食

生活在內蒙古自治區的蒙古族同胞，居住、穿衣、騎乘等方面都充滿了鮮明的民族特色。羊油饊子就是他們非常具有民族特色的食物。

從外形看，羊油饊子很像是蒙古族牧民家的羊圈門。它是根據蒙古族牧民生活的特點而產生的。這種食品攜帶方便，食之香甜。牧民放牧或外出，餓了可以咬著吃，也可以背上一壺奶茶，將其泡著，與炒米同食，既耐餓又實惠。

一年四季，牧民們都喜歡製作羊油饊子。只要有貴客光臨，好客的主人都會請客人品嘗羊油饊子。羊油饊子與其他各種各樣的食品疊放於餐桌之上，競相媲美，招人垂涎。盛羊油饊子的盤子往往放在最頂端，頂端那盤羊油饊子上放著四至六顆紅棗，象徵吉祥如意，供客人觀看；還有一盤不放紅棗，供客人品嘗。羊油饊子外形酷似小樓房，整齊、雅觀，無論縱看、橫看，都能呈現出一種線條美。

羊油饊子的原料是：白麵、植物油、白糖、白礬等；製作工序是：在一定數量的白麵中，加入適量的白礬、植物油、白糖，用溫水和起來，至不軟不硬後，根據饊子的大小，揪成小麵塊，搓成長條，然後將其放入燒沸的油鍋中煎熟，即成淺黃色的羊油饊子。待散熱變冷後，上面裹著一層潔白的羊油，看上去黃白相間。

人們在吃羊油饊子時，常把它掰碎，放入奶茶中與炒米等同食，感覺味道酥脆香甜，越吃越美味。如今，居住在半農半牧區的蒙古族、漢族牧民，都有喜食羊油饊子的習慣，這種美味食品成了農牧民最好的早點。

揚州炒飯：粒粒香

揚州炒飯又名揚州蛋炒飯，相傳源自隋朝越國公楊素愛吃的碎金飯，即蛋炒飯。隋煬帝巡視江都（今揚州）時，將蛋炒飯傳入揚州，後經過歷代烹飪高手的逐步創新，揉進淮揚菜餚的「選料嚴謹，製作精細，加工講究，注重配色，原汁原味」的特色，終於發展成為具淮揚風味有名的主食之一。

揚州炒飯的品種豐富，有「金裹銀」、「什錦蛋炒飯」及「青菜炒飯」等。

所謂「金裹銀」就是在飯粒的外層裹上一層金黃色的雞蛋，其做法是：先將米飯放入鍋中翻炒，然後將打散的雞蛋液均勻地包裹住米飯。經過這樣炒製的米飯，其飯粒的外層是金黃色的，裡面則是白色的。

什錦蛋炒飯，是揚州炒飯中最典型的品種，它有很多配料，常用的有雞蛋、海參、火腿、青豆、蝦仁、豬肉、香菇、筍、蔥花等等。製作時先將雞蛋炒好，再將其他配料炒熟，加清湯和鹽調好味，盛起備用，然後開始炒米飯，米飯要炒得粒粒分明而沒有焦糊，最後將炒好的雞蛋和其它配料倒入一半炒勻，炒勻後盛出三分之二放在盤中，再將剩下的配料與鍋中的米飯炒勻，蓋在盤中的炒飯上。如此做出的炒飯既漂亮，又有很多配料在上面，讓人不自覺地食指大開。

揚州炒飯的名氣遍及世界很多國家，據國外來的朋友講，許多外國人都喜歡吃揚州炒飯，卻不知道揚州是怎麼一回事，在他們的頭腦中揚州並不是地名，而誤認為是這種炒飯的做法。

甜醅：給嘴解饞，甜醅當先

甜醅，是青海漢、藏、回、土、撒拉等族人民喜歡的一種傳統甜食。甜溢酒香，味美可口，多以玉麥（即蓧麥）、青稞之類為原料。原料易得，釀造方便，既可調節飲食，又可以供賓客，頗為群眾喜愛。有句民諺說：「給嘴解饞，甜醅當先。」

甜醅的來歷，跟青海漢、藏、土、人民釀造酩酒有緊密聯繫，它和酩酒可算是同源異流。只是酒麴不同罷了。酒醅也是甜的，酒味較濃，唐朝時就拿它待賓客。杜甫、〈客至〉詩中說：「盤飧市遠無兼味，樽酒家貧只舊醅。」舊醅，便是酒醅。釀造甜醅，原料以玉麥為上乘，因玉麥質細無厚皮。嚼食無渣。青稞次之，但須脫皮。酵母為甜醅曲，用米製成，青海民間叫「藥蛋」或「甜曲」。

釀造時，首先把玉麥或青稞用水洗淨，放在鍋內注入水，然後加火燒待大滾後，再用文火慢煮，到糧食開口為止。煮好後把糧食起，均勻攤開，一直晾冷。將甜醅曲碾成粉，均勻拌在糧食中（每十三斤玉麥加球狀甜醅曲多半個）裝入瓷器或陶器內，放在火炕上，覆蓋保溫物（溫度以低於攝氏三〇度為宜）周圍需保持潔淨，不得有穢氣。約二、三天，容器面發熱、糧食上生出粉狀略帶綠色白毛即成。西寧群眾中流傳著一首順口溜：「甜醅甜，老人娃娃口水嗞，一碗兩碗能開胃，三碗四碗頂頓飯。」夏天吃它能清心提神，去除倦意；冬天食用則能壯身暖胃，增加食欲。

二十世紀三〇年代，西寧南大街有一家甜醅店曾名滿全城，主人家姓韓。他做的甜醅選用上好的白青稞，在簸、篩、舂、酵的過程中特別注意乾淨衛生，故其色白嫩，其味香甜，人爭食之，食後滿口留香，創出了「韓甜醅」的名牌。

燒豬腳：火候足時它自美

清代程兼善說的「爭似紅樓富家戶，豬蹄爛熟勸郎嘗」，豬腳富含膠原蛋白，食後使人皮膚細嫩潤澤，有通乳腺、健腰、健腳、養血之功，因此豬腳是男女老少的滋補佳品。

湖南小吃攤上的紅燒豬腳，其味美，千年不絕；那色，是紅亮紅亮、油光油光；那香，是「熱鍪騰芳」，豬腳本有清香，加之調配料的薑香、蔥香、八角茴香、桂皮香、蘋果香、乾紅椒香、醬香，經過一陣長時間的燜燒後，香透入骨、入湯、入筋肉中。濃濃的香，醇醇的香。那口味那口感，是皮光肉爛，香不膩人。筷子夾起來緊緊的，而一進口啃起來，豬腳皮、豬腳肉、豬蹄筋、豬腳骨頭，自然脫離，自然散開。那種滋味，真是「火候足時它自美」。

長沙紅燒豬腳能有如此美味，緣於長沙有個好豬種，還有個好廚娘。這好豬種是「寧鄉豬」。寧鄉豬，這種豬肉質細嫩，味道鮮香，當地有這樣一首歌謠讚寧鄉豬：「絲頸葫蘆肚，耳落嘴筒齊，稀毛現薄皮，魚尾後腳直，奶子一斬齊，四腳要撒蹄。」這「撒蹄」的豬，腳當然好吃。也正因為「撒蹄」，豬的足印形如梅花，所以紅燒豬腳又稱為紅燒蹄花。據傳，這寧鄉豬，還曾得到明朝正德皇帝的稱讚。

《長沙風物大觀》曾這樣寫道：明朝正德皇帝出巡，行至寧鄉，腹中飢餓，便到一農戶家中，農民用豬肉款待，皇帝感到豬肉味道極美，龍顏大悅，說，「這豬肉好吃，一天長一斤就好了。」皇帝開了金口，於是生豬長得很快，肉味更美，聲譽日盛。

擅燒豬腳的「好廚娘」，則名叫鄧春香，生於清末民初。二十世紀四〇年代苦於生計，鄧春香挑一副豬腳擔子來到當時廟會熱鬧的火宮殿叫賣謀生。鄧春香燒製豬腳認真。選料所用為豬前腳，毛腳先用煤火烙，後用刀刮去燒焦了的黑殼至黃白，洗淨，一劈兩開改刀成塊。烹料酒焯水去腥，瀝水上火炒糖色，下濃汁醬油、蔥段、薑、桂皮、八角、幹紅椒、食鹽，大火燒開，移小火瓦缸煨之，燒至汁濃、油色紅亮、厚味鮮香。

豬腳味道好，還有一訣竅，就是一次要燒它幾十百把斤豬腳。美食家說，因為量多，煨燒出來的豬腳才汁濃味厚。這就是家裡紅燒一兩個豬腳味道稍差一點的原因：量太少。

烹調上的如此講究，使鄧春香的紅燒豬腳一舉成名，前來嘗鮮的客人絡繹不絕。消息傳開，長沙街頭的紅燒豬腳攤主們紛紛討教、仿效。很快，鄧春香的紅燒豬腳做法便成了一個統一的標準，流傳至今。

蘇東坡拚死吃河豚
朱元璋與虎皮毛豆腐
與四大美人相關的名菜
鍋巴菜：乾隆親賜的小吃
「鬼城」抄手：好吃到不要命
燒豬頭最有名氣的居然是法海寺的和尚？

第四章

嘗鮮美食地圖，來一遍

中國幅員遼闊，人口眾多，由於各地自然條件、經濟文化發展水準和人們生活習慣的不同，因而在食品的選料、製法及口味上，也就逐漸形成了不同的地方特色和風味。美食是地方的名片，正如俗話所說的——不到長城非好漢，到了北京不吃烤鴨真遺憾！

北京：烤鴨

北京烤鴨可謂大名鼎鼎，無人不知，無人不曉。它的名氣大到甚至讓人以為鴨子被宰掉後，只有一條出路——被製成光榮的北京烤鴨。其實中國對鴨子的食用有著悠久的歷史，《楚辭》即有鴨羹的記載，《齊民要術》則載有填鴨的方法，並記有「醋菹鵝鴨羹」、「勒鴨消」、「鴨煎法」等鴨饌。而《調鼎集》所列舉的菜餚已達五十八款之多，鴨餚數量之多居世界之冠。除北京烤鴨外，著名的菜還有江蘇三套鴨、鹽水鴨，山西燜爐烤鴨，四川神仙鴨子、蟲草鴨，當歸鴨等許許多多。

北京烤鴨能夠高坐其中的第一把交椅，自是因為它的味道美妙無比，引無數食客競折腰。據《五臺照常膳低檔》記載，乾隆皇帝曾在十三天之內連吃烤鴨八次。元、明兩朝也都曾把它列為御膳佳餚，算起來距今已有三百多年的歷史了。

北京烤鴨以全聚德、便宜坊兩家最為有名，由於全聚德太過有名，恐怕許多外地人並不知道便宜坊的名號。其實在上個世紀初，便宜坊的名氣要遠遠大於全聚德，在傳統相聲段子〈扒馬褂〉裡，就有一段關於便宜坊烤鴨的，那個好說大話的少爺說自己在飯店二樓坐著，剛想吃便宜坊的烤鴨，就從窗口飛上來一隻便宜坊的烤鴨，這段子相聲愛好者們大概都耳熟能詳了。全聚德創建於清同治三年（西元一八六四年），時間上比便宜坊要晚好多年，創始者是河北冀縣人楊全仁。由於他將原來的燜爐改進為掛爐烤製，在工藝上博採眾長，獨闢蹊徑，很快名聲大噪，躍居便宜坊之上。時至今日，全聚德的烤鴨已享譽中外，成為中華飲食的精品。

北京烤鴨的原料為北京鴨，又稱白鴨、填鴨，這種鴨子成長快，肉質好，六十～六十五天體重即可達到三～三．五公斤，前四十五天任其取食，最後十五～二十天則由人工進行餵養，平均每六小時填餵一次。北京烤鴨的烤製方式有三種，分別是燜爐法、掛爐法和叉燒法，如今最為流行的是用果樹木柴明火烤製的掛爐烤鴨，為全聚德的發明。

有人認為中國的烤鴨淵源於歐洲的烤鵝，這種說法是否確切很難斷定。然而同樣是烤製，中國的方法要高明得多，歐洲人烤製時必定將鵝開膛破肚，而我們的廚師深諳「食不厭精，膾不厭細」的祖訓，製作過程細膩而有趣：先在填鴨身上開一個小洞，將內臟由小洞掏出，然後用氣筒從刀口處向裡打氣，等氣體均勻地充滿填鴨全身後，將其掛起，再以沸水澆燙全身使氣體膨脹，接下來用湯水澆淋兩次，風乾備用。此時刀口處已被繫住，而肛門也被湯水塞住。由於鴨皮充分地膨起，烤出來後便會脆薄而上色均勻。

師傅們的刀法也非常了得，在烤好的鴨子上要片下來一〇八塊鴨肉，每塊鴨肉連皮帶肉，厚薄均勻。吃的時候用一張小薄餅裹上兩三片鴨肉、蘸甜麵醬的大蔥絲、黃瓜絲，入口一嚼，烤鴨酥脆的皮、鮮嫩的肉口感極佳，烤鴨特有的濃香溢滿脣齒之間。

張家口：燒南北

竹筍乃是中國烹飪經常應用的材料，既可以做主料，炒、煮、燜、燴、燒均為美饌；又可做配料，與雞、魚、肉、蛋為伍皆生鮮香。自古至今都得到人們的盛讚美譽。張衡《南都賦》有「春卵夏筍，秋韭冬菁」之說；李漁稱其為「蔬食中第一品也」；《隨息居飲食譜》稱其為「味冠素食」。口蘑則以味道異常鮮美、香氣濃郁而譽滿天下。

口蘑入饌，可做主料單用，也可做配料，並常常作為增鮮料廣泛用於各種菜餚烹製。竹筍和口蘑，如果將這兩樣相配入饌，應當稱得上是佳偶絕配了。

河北張家口市一道傳統風味菜餚燒南北便是此二者的珠聯璧合之作。燒南北，是以塞北口蘑和江南竹筍為主料，將這兩種材料切成薄片，油鍋燒熱，以旺火煸炒，佐以調料和鮮湯，燒開後，入濕澱粉勾芡，淋上雞油即成。此菜色澤銀紅，鮮美爽口，香味馥郁。

在中國民間，竹筍有玉蘭片的雅稱，主要出產於浙江、江西、湖南等地。玉蘭片的雅稱的由來還有一個傳說。唐代名將郭子儀的後代郭信家在湖南益陽。郭信從軍後，在歷次征戰中表現勇敢，立下了許多功勞，被朝廷封為兵部侍郎。郭信家中的妻子名叫玉蘭，美麗賢慧，兩人感情深厚。郭信赴京上任，玉蘭獨自留在家中照顧郭信年邁的雙親。夫妻二人平時不能相見，玉蘭常托人給郭信帶去些家鄉特產，以示對丈夫的思念之情。有一年，益陽的竹筍豐收，玉蘭將竹筍晒製成筍乾，托人捎到京城。郭信用其煮食燒湯，深感滋味鮮美，便將此菜獻給皇帝，皇帝食用之後連連誇讚，向郭信詢問菜名。郭信回稟：「此乃家鄉所產竹筍，為臣妻玉蘭親手所製。」皇帝說：「那就叫玉蘭片吧。」從此，玉蘭片這一雅稱便流傳下來。

口蘑是河北省的著名特產，口蘑之稱大約出現於清初，當時草原蘑菇作為商品集散於張家口一帶，故稱口蘑。口蘑肉質肥厚，鮮香爽口，是食用菌中之佳品，向有「素中之肉」的美稱。關於口蘑之香，張家口流傳著一個神奇的傳說。從前有一位商人，帶著大量的上等口蘑，由天津出發沿水路南行。船過之處，蘑香四溢，引來成群結隊的魚蝦尾隨。船上的人既驚訝又害怕，擔心有翻船的危險，紛紛央求口蘑商扔掉口蘑。口蘑商沒辦法，只好打開箱子，把口蘑全部拋入水中。魚群也追隨漂流的口蘑四散而去。事後，口蘑商將魚群圍船、口蘑解圍之事四處講說，人們爭相購買他的口蘑，口蘑商藉此發了一筆大財。

人們雖然都知道玉蘭片和口蘑的鮮美，但從來都是單獨烹製，或用於給其他菜做輔料，那麼，燒南北這道菜又是怎麼來的呢？

據說，這道菜的發明純屬偶然。是廚師在將燒口蘑與燒玉蘭片回鍋加熱時，不當心把它們燴入了一鍋，廚師嘗過後覺得非常好吃，風味獨特而且菜色鮮豔，於是將其正式列入菜譜。

燒南北的妙處就在於：食客們只要品此一菜，就能飽嘗大江南北兩大名味，所以人們稱讚它是「美餚佳饌一盤，江南塞北二味」。

哈爾濱：得莫利燉活魚

哈爾濱素有「東方莫斯科」之稱，也有不少俄式風味菜，其中最受歡迎的是「得莫利燉活魚」。「得莫利」一詞是俄羅斯語的音譯，這道菜的原產地哈爾濱郊區方正縣伊漢通鄉得莫利村，已有一百多年的歷史。由於這個村北靠松花江，村民主要靠打魚維持生計。在二十世紀八〇年代初，村裡的一對老夫婦在路邊上開了間小飯店，招待路上歇腳吃飯的過路人。他們把當地的活鯉魚和豆腐、寬粉條子燉在一起，味道鮮美，又不失東北菜的豪放，吃的人越來越多，菜的做法也不脛而走，傳遍了城裡的大街小巷。

這道菜須用活鯉魚為主料，才能享受其鮮嫩和美味；輔料有滷水豆腐、寬粉條、白菜葉、紅心蘿蔔、香菜等，調料中有一種農家自製的大醬和蘇子油，其成分和作用祕不可宣。看農婦操作似乎並不複雜，寬粉條開水燙過，將白菜葉平鋪於燉鍋，魚煎至兩面金黃後放入燉鍋，得莫利山泉水沒過菜料，中火燉二十分鐘，出鍋前放一把香菜末就完成了。

這道菜毫無鯉魚的土腥味，如不是親眼看到魚臥在鍋中，從口感上甚至不覺得是在吃魚。至於湯中的豆腐和菜，都沾著魚的鮮；湯的滋味更是鮮鹹適宜，還有一種奇特的香味，既不源自魚肉，更非味精所致，它來自農家祕製的大醬、蘇子油和得莫利山泉水。難怪哈爾濱人總是對外地賓客說：「如果不喜歡吃西餐和東北大菜，咱們就吃得莫利燉活魚去。」

內蒙古：手把羊肉

手把羊肉，俗稱「手把肉」，是內蒙古地區廣為流行的一道傳統名菜。蒙古、鄂溫克、達斡爾、鄂倫春等游牧、狩獵民族無不喜歡食用此菜。因食用時以手把肉，用刀割食，所以稱手把肉。羊、牛、馬、駱駝等牲畜及獸類均可烹製為手把肉吃，但通常所說的手把肉多指手把羊肉。此菜本為游牧民族的家常菜，後經眾多廚師改進，成為菜館酒樓的席上名菜。清代曾作為貢品獻於宮廷，供王室享用。

手把羊肉湯鮮味美，羊肉肥嫩適口，在內蒙古地區是最受珍視的菜餚，有遠方客人到來，他們必用此菜招待。在旅人的心目中，到草原觀光旅遊，沒有品嘗手把肉就不能領略草原食俗風味，無異於虛此一行。而在熱情的牧民看來，不以手把肉招待客人，就不能完全表達自己的殷勤心意。因此去過蒙古草原的人鮮有未品嘗過手把肉的。

吃手把肉固然可以去當地的酒店餐館，但要想真正領略手把肉的特殊風味，領略草原的風情和樂趣，還是應該品嘗當地牧民親手烹製的手把肉。吃過就會知道，手把肉是最新鮮的羊肉。首先因為烹煮時間短，所以肉比較嫩，不膩不膻，味美肉鮮，富有營養；其次，牧民宰殺羊的方法獨特。製作手把羊肉，通常選用膘肥的小口齒羯羊。宰殺時先拔去胸口下部羊毛，然後用刀割開兩寸左右的直口，將手從刀口處伸入胸腔內，將大動脈掐斷，謂之「掏心法」。這種方法可使羊血都流聚在胸腔和腹腔內，比通常的「抹脖殺羊法」更勝一籌。因為肉裡依然存有血液，羊肉外表呈粉紅色，煮食不但味道鮮美，還易於消化。這種殺法看來有些殘酷，實際上，一位有多年屠宰經驗的牧民往往動作俐落，瞬間完成，羊剛感到痛苦一切就結束了。

接下來是剝掉羊皮，去頭蹄，除淨內臟和腔血，切除腹部的軟肉，循著羊的關節，迅速將羊切為帶骨肉數十塊，放入不加任何調料的大鍋內，加清水用大火煮，適當控制火候。煮至肉變白褐色，用刀割開肉裡尚微有血絲，便撈出裝盤。吃的時候眾人圍坐一圈，一手把肉，一手持刀，割肉而食，氣氛歡快熱烈。羊肉香味濃郁，肥而不膩。如在城市的賓館餐廳、飯店吃手把肉，則以調味料相佐，調味料由芝麻醬、香油、韭菜花、辣椒油、腐乳汁、醬油等調製而成，裝入碗中，以刀尖挑肉蘸吃，同樣也頗具風味。如果是第一次吃，一邊割肉一邊蘸食，除了肉的鮮嫩味美之外，你還會感到新奇有趣。

蒙古人食量驚人，令普通人咋舌。近代民俗資料《蒙旗概觀》中云：「蒙古人之通常之食量頗巨，每日飲茶十數碗，餐肉十數斤，飢甚頗有食全羊之事，然偶值三五日不食，亦無關也。」不過吃手把肉，外地人禁不住美味的誘惑，也常常吃得肚大腰圓，第二天都不覺得餓。

蒙古族待客十分講究禮節和規矩。吃手把羊肉時，一般將羊的琵琶骨帶肉配四條長肋送給客人。主人的滿腔熱情，常常使客人產生難別之情、眷戀之感。而這一切都會化作美好的記憶，永存旅人的心底。

廈門：土筍凍

「土筍凍」是廈門第一風味美食，最正宗的出自廈門海滄，是其三寶之一。

何謂「土筍凍」？這土筍原是野生於沿海江河入海處，鹹、淡水交匯的灘塗上，學名叫做「星蟲」的一種環節軟體動物。它含有膠質，身長僅二三寸，卻五臟俱全。其外形粗陋，顏色黑褐，粗者如食指，細者似稻莖，約有拇指長短，還拖著一條長有一二寸，細如火柴梗，伸縮自如的「尾巴」。據明朝屠本駿《閩小記》中寫道：「其形如筍而小，生江中，形醜而甘，一名土筍。」「土筍凍」就是用牠加工而成的凍品。

相傳發現土筍凍的開山鼻祖是鄭成功，鄭成功在攻打臺灣時，曾經有一段時間，糧草緊缺。當時駐軍所在地離海灘很近，將士們到海邊挖來大量的土筍充當食物。土筍煮成湯很美味，北方士兵吃了，還能消除南方的火氣。後來天氣漸冷，土筍湯凝結成凍，味道更加可口，土筍凍就這樣意外地誕生了。

以前，土筍凍只有冬天才吃得到，現在用冰塊來冰，一年四季都能享用，尤其在夏季熱銷。

廈門沿海盛產「土筍」，熬製土筍歷史悠久。當地人從沙子裡逮出土筍，先放養一天，以吐清雜物，然後將土筍腹部壓破，再將肚內泥漿洗滌乾淨，然後和清水下鍋熬煮。因為這東西像豬皮一樣具有高度的膠原蛋白，所以熬得一鍋黏黏糊糊，盛出來後裝在小碗中，待其自然冷卻之後，就凝固成一小碗「土筍凍」了。土筍凍本身吃起來清脆鮮嫩，含有土筍津液的凍非常甘美。它們個個顏色白潤晶瑩剔透，其肉清，味美甘鮮，清香軟嫩，滑溜爽口。

廈門人吃土筍凍是很講究配料的，配上好醬油、北醋、甜醬、辣醬、芥辣、蒜蓉、海蜇及芫荽、白蘿蔔絲、辣椒絲、番茄片等，就成了色香味俱佳的風味美食了。

土筍的吃法也是很多的，除了製成「土筍凍」外，還可以炒食、煮湯，也可以跟洋參、瘦肉等一起煲來做藥膳，有補腎壯陽的功效。

單縣：羊肉湯

山東單縣羊肉湯已有數千年歷史。相傳原始社會末期，舜的老師單卷（亦寫作善卷、亶卷）及其部落就生活在單縣一帶，他們過著半耕、半漁、半牧的生活。當時飼養的家畜主要是青山羊，而羊的吃法，由燒烤演變為主要吃肉喝湯。

單縣羊肉湯經過幾千年的改進，製作工藝越來越完善。其正式掛牌面向市場已有近百年的歷史。單縣羊肉湯呈白色乳狀，鮮潔爽口、不腥不膻、不黏不膩，獨具特色。其名目繁多，品種各異，肥的油泛脂溢，瘦的白中透紅，各具風味。

單縣羊肉湯選料和燒製工藝十分講究。選用三年齡青山羊為主要原料，尤以單縣黃河故道和大沙河兩岸的羊為佳，羊又有「蒙羊」（只生育過一兩次的母山羊）、「捶羯」（被摘除睾丸而失去交配能力的公山羊）的講究。主要製作過程是先將水添入鍋內，燒開加入羊的全身骨架墊底，再放入二十五～三十斤鮮羊肉和羊雜（羊雜下鍋前分別用開水汆一下），然後用大火燒開，用竹編勺撇去血沫，再加冷水十斤，水開後再用三斤羊油覆蓋在羊肉上面，最後將白芷、桂皮、草果、良薑、陳皮、杏仁等佐料下鍋，再熬煮四十～六十分鐘即可。盛碗時加少許香油、桂子、丁香粉、香菜、蒜苗末即可食用。

燒製單縣羊肉湯有三條關鍵，一是選用平原地區農家飼養的羊。這樣的羊不光吃草，農家經常餵食剩飯或糧食，羊長得膘肥體壯。二是佐料的選用要適量，多了則料味出頭，少了則腥羶不除。三是用火要大，使鍋內一直處於沸騰狀態。使羊油快速融化，與水互相撞擊，達到水油交融，形成乳狀。如火候達不到，則水是水，油是油。凡熬煮好的羊肉湯，勺子在鍋面打個輕撥一下，往下一舀，往桌面一滴即凝成油狀。

單縣羊肉湯由於受羊、水和熬製技術的限制，二十世紀八〇年代以前發展擴散較慢。近年來，已發展到蘇魯豫皖和東北及北京等地。

南寧：檸檬鴨

檸檬鴨是廣西南寧的特色菜系，氣味酸爽，第一口衝勁清爽，第二口則停不下來，讓人醉在其中。外地人到了南寧，檸檬鴨往往是一道不容錯過的菜。南寧當地人常說：「沒吃過檸檬鴨，就不算來過南寧。」由此可見，檸檬鴨在老南寧人心中的地位。

南寧氣候和東南亞相仿，受東南亞料理風味影響，採用檸檬作為調料的菜品很多，檸檬鴨就是其中的佼佼者。南寧很多飯店都有檸檬鴨，但是味道最正宗的還是「高峰林場界牌村甘家」出品的檸檬鴨，這裡是檸檬鴨的「誕生地」。

做檸檬鴨用料很講究，選的鴨子是一．五公斤左右的正宗穀糠餵大的土鴨或北京鴨。配料是陳年醃製的檸檬，另外還有酸蕎頭、酸辣椒、酸梅、豆腐乳、白糖、黃酒和鮮薑等。檸檬鴨的鴨肉香脆有肉感，不軟不膩不臊，帶有特別的檸檬香氣，香而不膩，清新爽口，酸辣適宜，是一道極其開胃的菜。看其外觀，冒著油汁，金黃誘人；聞其香，檸檬與鴨肉香飄撲鼻；品其味，檸檬的酸香中透著梅子的甜味，微辣中藏著鴨肉的細膩。即便是吃到了配料，也覺得美味無比。鴨子屬陰，吃了平肝清火，營養豐富。即便春、秋天火氣大的時候都可以吃，是比較好的「清涼補品」，老少皆宜。

玉林：牛巴

牛巴是廣西玉林市的特產。玉林市常年高溫多雨，雨量充沛，氣候濕潤，地勢平緩廣闊，農牧業發達，加之這裡交通便利，物產富饒，因而商業貿易繁榮，歷來為商賈雲集往返之地。「玉林牛巴」是玉林傳統的地方風味名吃，選用黃牛臀部肉（俗稱打棒肉）為主料，經過醃製、晒乾、煨製而成。《清異錄》載，牛巴「赤明香，世傳鄺士良家脯也。輕薄甘香，殷紅浮脆，後世莫及」。

傳說南宋開慶年間，玉林有一位商人鄺士良，以牛車隊運載食鹽、香料進城買賣為業。在一次運鹽途中，一頭牛失足摔成了重傷。鄺士良不捨地將牛宰後，把部分牛臀肉取下，用隨車鹽料、香料醃製晾乾帶回。鄺士良回家以後，把牛肉乾放到大鍋裡，添加八角、茴香、甘草等十幾味佐料煸燴。牛肉出鍋後異香撲鼻，左鄰右舍聞香而至。鄺士良便熱情地請鄉鄰共同品嘗，席間從人無不稱道肉香味美，「牛巴」面世初成雛影。

隨著時間的流逝和數代名廚大師的調配，今天的玉林牛巴已是美味至極、名聞遐邇。許多人到玉林，都以一嘗正宗牛巴為快。在當地民間，逢年過節，紅白喜事，老饕聚會，往往都少不了這道菜，一些餐館飯店也由於能經營此菜而使生意大為興隆。但由於「玉林牛巴」的製法複雜，配方奇特，很難掌握其烹製要領，故又不容易向外流傳，因此形成地方一大風味食品。

正宗玉林牛巴氣味醇香，色澤暗亮，肉質細而有嚼勁，且入口生香，越嚼越香，食後仍滿口留香，令人回味無窮。

棗莊：辣子雞

棗莊有三大名吃——羊肉湯、辣子雞、菜煎餅，湯、菜、餅三者相互搭配，就成了一頓美味十足的地方名吃。

棗莊地處魯南，瀕臨微山湖，可能因為濕度較大的原因，當地人大多能吃辣。

棗莊辣子雞色豔味重，烹炒辣子雞的雞肉多選用公雞，因為公雞較之母雞更具有「陽剛」之氣，雞肉質嫩味香。公雞又以「本地雞」為佳，本地雞又以小公雞和老公雞為主，小雞吃起來鮮嫩可口，幾乎不用吐骨頭；老雞吃起來回味無窮，啃也啃不夠。要是農家從小放養的，在田野中吃著蟲子長大的小公雞則更好，無藥害、無激素。當然，最誘人的莫過於俗稱的「童子雞」，乃山野人家在山上放養，重約三斤左右的紅色小公雞。

盛放辣子雞的容器是一個很大的盤子，直徑和臉盆差不多，冒尖的一盤，看著就過癮，吃到一半的時候嘴已經辣得不住哈起氣來了，為了能繼續大快朵頤，食客必須喝幾口涼水解解辣。

大盤辣子雞中，雞肉和辣椒各半，吃辣子雞時，要用筷子在成山的辣椒中不停地翻，才能找到色豔味美的雞肉。整整一隻雞放進去，卻被辣椒「掩埋」。這絕不是因為缺少雞肉而偷工減料，實在是這道菜中，辣椒與雞肉並重，缺一不可。辣子雞端上來就冒著香氣，能感覺到筷子翻起來是軟軟滑滑的。一塊塊雞肉雖已過油，但還是鮮嫩多汁，絲毫不覺得太乾或油膩，味道越吃越濃，美妙滋味令人難忘。

岐山：臊子麵

岐山臊子麵，這種麵用手工製成，料精味美，為陝西麵食和西府麵食一絕。臊子麵歷史悠久，「臊子」就是肉丁的意思。對陝西人來說，臊子麵的配色尤為重要，黃色的雞蛋皮、黑色的木耳、紅色的胡蘿蔔、綠色的蒜苗、白色的豆腐……既好看又好吃。

岐山臊子麵的特點可以概括為九字令：「薄、筋、光、煎、稀、汪、酸、辣、香。」「薄、筋、光」指麵條之質；「煎、稀、汪」指湯水溫度要高，麵少湯多，油肉要多；「酸、辣、香」指調味之美。

人們如此推崇臊子麵，自然與美好的傳說有關。岐山是西周王朝的發祥之地，三千多年前，周族部落在這裡繁衍生息。一次，周文王被商紂王從監獄裡放回，左鄰右舍，親朋好友都去看他。吃飯時，他讓家人做「和氣麵」吃。一個鍋裡下麵，一個鍋裡調湯，大家只吃麵不喝湯，湯倒在一個鍋裡面。輪番澆麵。這種吃法表達了人們的一種特殊感情，以後就傳了下來。所以岐山面又叫「和氣麵」。

還有一段美妙的傳說。相傳岐山某地有一農家娶了一個媳婦，聰明能幹，她做的麵條細薄、調料多樣、湯汁濃香，味美可口，全家食後無不稱讚。年幼的弟弟尤其喜食，常鬧著要吃嫂子煮的麵條。後來，這個弟弟做了地方官員。這年春節，邀請同僚到家裡做客。當客人們飽餐其嫂子烹製的麵條後，讚不絕口。從此「嫂子麵」便出了名，紛紛傳揚開來，爭相仿製。由於「嫂」與「臊」諧音，天長日久，「嫂子麵」變成了「臊子麵」，一直延續至今。

在陝西，臊子麵身價頗高，除生日做壽時必食外，逢年過節，或婚喪喜事，都要以它來款待客人。

大理：雕梅

雕梅是大理白族傳統名特食品。

據史書記載，遠在唐代南詔時期，就有探親訪友相互饋贈雕梅的風俗。雕梅因在青梅果上雕刻花紋而得名，製作工藝是以鹽梅作原料，先用石灰水把鹽梅浸泡，取出晾乾，再用刻刀在梅肉上雕刻出連續曲折的花紋，從空隙處擠出梅核，中空如縷，輕輕壓啟成菊花狀，鋸齒形的梅餅，放入清水盆中，撒上少許食鹽，以去梅子酸味，然後放入砂罐，再用上等紅糖、蜂蜜浸漬數月，待梅餅呈金黃色時就可從瓶中取出食用。

雕梅食味清香、脆甜。酸中帶甜，沁人肺腑，生津解渴，開胃提神，含有豐富的維生素C和葡萄糖胺基酸等營養成份，是一種對人體有益的食品。

雕梅既是大理地區的一種美食，又是精心雕琢的手工藝品。洱源縣素有「梅子之鄉」

的美譽，當地白族姑娘大都從小就學製作雕梅，因此這項手藝往往成為衡量一個姑娘是否心靈手巧的標誌。當地風俗，在她們出嫁之前，呈獻給婆家的見面禮，就有一盤精心雕製的雕梅。新婚之夜，新娘要「擺果酒」招待賓客，雕梅的製作技藝和味道如何，便就成為人們評頭論足的話題。文人墨客也以雕梅為題寫詩助興，如有一首讚譽雕梅的詩讚道：

小小青梅上指尖，巧手翻作玉菊蘭；
蜜糖浸漬味鮮美，疑是仙葩落人間。

杭州：醋溜魚

醋溜魚發源於南宋京都臨安（今杭州），「西湖醋溜魚，相傳是宋五嫂遺製」（清梁紹壬《兩般秋雨庵隨筆》）。

宋五嫂是南宋初年的民間婦女，原籍北宋京師東京（今河南開封），以經營酒餚為業，精於烹飪，尤其擅長製作魚菜。

靖康元年（西元一一二六年），金兵大舉南侵，都城陷落，徽、欽兩帝被擄北去，北宋王朝宣告滅亡。次年，康王趙構在江南建立南宋政權，定都臨安。宋五嫂隨著難民人流南下，寓居在臨安西湖錢塘門外。為維持生計，她重操舊業，張羅開設了一家小酒店，接待東西南北過往客。

臨安處東南沿海，近海及西湖中多產各種鮮魚，男女老少又都喜歡吃魚，城內外酒樓飯店以魚所作的菜餚多不勝數。宋五嫂志在創新，經一段時間琢磨試驗，以醋為主要佐料，輔之以生薑、大蒜、糖、鹽等，烹製了一道色、香、味獨特的新穎魚菜，取名為「醋溜魚」。

宋五嫂的醋溜魚一經問世，立時吸引了眾多食客，各式人等紛紛慕名而來，店中生意一變興隆。淳熙六年（西元一一七九年）陽春三月風和日麗天，宋孝宗駕幸西子湖畔錢塘門外，把在湖邊的生意人召來，詢問籍貫、身世及營生，宋五嫂也在其中。當問到宋五嫂時，她道了個萬福回話說：「老身乃東京人氏，當年追隨先皇到此，已五十載春秋了。」

孝宗見這位滿頭銀絲的老嫗一片忠心，深為動容，於是移駕宋五嫂店中少歇。宋五嫂不勝高興，當即挽袖下廚上灶臺，親自精心烹飪了一盤醋溜魚奉上，請孝宗品嘗。

孝宗平日裡吃慣了山珍海味，想不到醋溜魚皮酥肉嫩鮮美可口，味道好極勝過御膳，嘖嘖稱讚：「真佳餚也！」當下賜與宋五嫂彩緞百匹。

受萬乘之主賞賜，宋五嫂的醋溜魚名氣更響，各地紛紛仿製，並作為一大名菜世代相傳，杭州的樓外樓、五柳居等，就是因為經營醋溜魚而數百年久盛不衰。清代番禺舉人方恒泰品嘗過醋溜魚一飽口福後，作〈西湖〉詩大加讚賞，讀來覺醋溜魚頓然生色：

小泊湖邊五柳居，當筵舉網得鮮魚。
味酸最愛銀刀膾，河鯉河魴總不如。

香港特色小吃：魚蛋粉

如果說魚蛋粉最能代表香港地道美食，相信沒有人會有異議。魚蛋又叫魚肉丸子，味道細膩鮮美。魚蛋粉是以爽滑幼細的米粉為主料，以大地魚乾、豬骨熬湯作為湯底，再加上魚蛋、牛丸、炸肉卷、魚塊等配料製成。

米粉入口香滑，配料則各有風味。這碗看似簡單的魚蛋粉，要做得精和令人再三回味卻絕不容易。

德昌魚蛋粉店是香港一家出名的小吃店，魚丸是這裡的招牌，曾獲二〇〇一年「美食之最大獎」小吃組的至高榮譽獎。這裡的魚皮餃湯頭很足，雲吞麵裡蝦仁個大飽滿，足有完整的兩三個。小小的店面不過八、九張桌子，四五個素不相識的人擠在桌子旁，如果點的多一些，桌上放不下，必須儘快吃完。德昌的門口總是有人等座，老闆不催，等的人也極有耐心。

香港人極愛吃魚丸，這裡的魚丸個大筋道，用料實在，不像有些家用麵粉來摻。德昌至今只有這樣小小的兩家店鋪，但行業裡卻是狀元，廣受大眾歡迎。

最大最貴不一定是最好，口舌之歡上的務實品味，多少能影射出香港人的特質。正如香港著名食評家蔡瀾所說：「最原始最基本的平民菜餚才是最佳的美味。」

臺灣美食：蚵仔煎

許多臺灣小吃，其實都是先民困苦，在無法飽食下所發明的替代糧食，是一種貧苦生活的象徵，蚵仔煎據傳就是這樣的時空背景之下所發明的創意料理。它最早的名字叫煎食追，是臺南安平地區一帶老一輩的人都知道的傳統點心，是以加水後的番薯粉漿包裹蚵仔、豬肉、香菇等雜七雜八的食材所煎成的餅狀物。

關於蚵仔煎的起源，有一則有趣的故事。民間傳聞，西元一六六一年時，荷蘭軍隊佔領臺南，鄭成功從鹿耳門率兵攻入，意欲收復失土，鄭軍勢如破竹大敗荷軍，荷軍在一怒之下，把米糧全都藏匿起來，鄭軍在缺糧之餘急中生智，索性就地取材將臺灣特產蚵仔、番薯粉混合加水和一和煎成餅吃，想不到竟流傳後世，成了風靡全臺灣的小吃。

蚵仔煎雖然到處都吃得到，但是很多人還是抱持著要吃蚵仔煎，就要到蚵仔產地去吃的觀念，例如要到臺南安平、嘉義東石或屏東東港這些盛產蚵仔的養殖地去吃，因為要做出好吃的蚵仔煎，最首要的條件便是採用新鮮的蚵仔，這些新鮮蚵仔在產地現剝現賣，不必因為長途運送而浸水，所以顆顆肥美碩大、鮮美無比，做出來的蚵仔煎當然豐盛多汁。不過，不是住在產地的人也別抱憾，因為現代運輸技術發達，所以即使是遠在臺北，也能吃到每天新鮮運送的甜美蚵仔。

除了新鮮的蚵仔外，番薯粉也是使蚵仔煎美味的另一個重要關鍵。番薯粉的種類很多，但只有純番薯粉才能調出香醇濃郁的粉漿。將粉漿以適當比例加水勾芡後，加入韭菜，做出的成品口感就能又黏又彈牙，而且精純的番薯粉也能巧妙地將肥美蚵仔的鮮味充分提升，做最完美的搭配。

此外，雞蛋的選用也是一門學問，重視香味的店家會採用顏色深黃的土雞蛋，冬天搭配茼篙、夏天搭配小白菜，並以能提香味的豬油來煎出美味的蚵仔煎，吃時再淋上以味噌、番茄醬、辣椒、醬油等熬成的醬汁即可。

除了以上各種上等材料的搭配，讓即使原本是貧民美食的蚵仔煎也變得精緻美味了，那種甜中帶鹹、鹹中帶辣的繽紛滋味，口口都教人回味無窮。

第五章

有關食物的八卦，看餓了

古代也有方便食品？李漁攢了一年的賣命錢，竟然用來買螃蟹？燒豬頭最有名氣的居然是法海寺的和尚？本章是作者閱覽群書苦寫文章之餘，從書海邊角、文獻行間挖出來的美食八卦，內容時而重口味，時而小清新，為博君一流口水。

古代也有方便食品

所謂方便食品，就是事先加工好的食物成品或者半成品。這種東西容易存放，攜帶方便，烹製簡單，吃起來快捷，像麵包、麻花、油條、罐頭、藕粉、速食麵、冷凍湯圓、水餃、即溶奶粉等，統統都是方便食品這個大家族的一員。

古人也有方便食品。較早的方便食品是流行於南北朝時期的餢飳（音布頭），做法是發一大盆麵，堆案板上搓，搓出來一個龐大的圓環，然後下油鍋炸，炸到兩面焦黃，撈出來控油，掛到牆上，遠遠望去跟大車輪子似的。

宋朝有一種方便食品叫「餶飿（音古舵）」，這是一種帶內餡食品，做法比水餃和餛飩都要複雜一些：切出來四四方方的麵皮，托在手裡，擱進去肉餡，對角折起，邊緣捏緊，出來一個等腰直角三角形，然後再把三角形的兩個銳角合攏到一塊兒，疊壓，捏緊，成品像花骨朵一樣含苞待放；然後再入油鍋炸黃，用竹籤子串起來，這就成了。《水滸》裡面，武松要為哥哥報仇，拉來街坊做證人，問王婆道：「王婆，你隔壁是誰？」王婆說：「他家是賣餶飿的。」說明王婆的鄰居就賣這種方便食品。

有趣的是明朝時的方便食品「守山糧」，加工起來挺容易：大蘿蔔洗淨，剁掉根鬚，刮去青皮，擺鍋裡蒸熟，冷卻後，倒盆裡，搗成泥，挖進模子，脫成磚坯，摞起來，自然風乾，然後用來築牆。

單看原料和做法，這種食品該叫「方便蘿蔔」或者「蘿蔔磚」才對。但是清代名醫王士雄說，該食品主要是用來防兵防匪——哪天戰火一起，全城戒嚴，市民們不能出去採購，等到麵缸見底、米囤空倉的時候，可以從牆上鑿下一塊磚來，扔鍋裡熬粥喝。此物貴能防守，所以叫「守山糧」。

清朝有一種方便食品叫「耐飢丸」，做法如下：備半鍋糯米，炒到發黃，倒石臼裡晾著。再備半鍋紅棗，蒸熟後，去皮去核，也倒到石臼裡晾著。然後用大杵使勁搗，把石臼裡的糯米和紅棗搗爛搗勻，搗成糊狀，再挖出來，團成雞蛋大的丸子，鋪在葦葉上晒乾。

清朝人李化楠說，這種耐飢丸最能耐飢，吃一丸，保半天不餓。他在浙江餘姚當縣令的時候，曾經號召廣大群眾趁豐年多製耐飢丸儲備起來，遇上災年無糧，可以取出救荒。

和三國有關的美饌

貂嬋豆腐

這是以美女貂嬋的名字命名的一道佳餚，又名「漢宮藏嬌」，也叫「泥鰍鑽豆腐」，是民間的傳統風味菜，具有濃郁的鄉土氣息，在許多地方都有製作，尤以河南周口地區的民間製作最為出名。

將排除掉髒物的小泥鰍和整塊豆腐放入砂鍋中，倒入涼排骨湯，加入各種佐料水煮，泥鰍被熱氣所逼鑽入豆腐中躲藏，待到湯沸即被全部燙死在豆腐中，然後改小火烹成。這道菜以潔白的豆腐形容貂嬋之純潔，以細滑的泥鰍比喻董卓之奸滑。泥鰍在熱湯中急得無處藏身，便鑽入冷豆腐中，但仍逃脫不了被烹煮的命運。就好像王允獻貂嬋，巧使美人計一樣。

「貂嬋豆腐」不僅湯清見底，鮮嫩可口，還很有營養。泥鰍所含蛋白質、脂肪、鈣、磷及維生素等成分，均超過一般魚類的含量，且肉質細嫩鮮美，有解毒收痔之功，被譽為「水中人參」。豆腐營養豐富，美中不足的是所含人體必需胺基酸中的蛋胺酸含量較少，而魚類含量卻非常豐富，二者合起來吃恰恰是營養上的好搭檔。

荷葉粉蒸肉

這道菜相傳與關羽的部將周倉有關。周倉手腳上長滿了厚厚的茸毛，叫飛毛。這層飛毛令他腳下生風，能與關羽的赤兔馬並行，飯菜一熟抓起來就吃，從不怕燙。時間一長，關羽對周倉有了芥蒂，怕他變心，不利自己。一天晚上，關羽特地與周倉同床睡覺。第二天，關羽對周倉說：「你手腳上的毛刺得我一夜不能入睡。」周倉對關羽忠心耿耿，便用刀把手腳上的毛刮得乾乾淨淨。這樣一來，周倉不僅不能用手抓熱飯菜，而且總追不上關羽。一次出征途中，面對熱騰騰的飯菜，周倉無法下手，關羽便讓他用荷葉把飯菜包起來，邊走邊吃，抄近路趕上隊伍。誰知，熟肉熱飯經荷葉一裹，散發出一股特有的芳香。經過一代代廚師的不斷改進，美味的「荷葉粉蒸肉」誕生了。

荷葉粉蒸肉是用豬五花肉、大米粉，調入各種作料外裹鮮荷葉蒸製而成，肉酥味濃，米粉香糯，油而不膩，風味別致，是老幼皆喜的一道美食。

將軍過橋

漢獻帝建安十三年，曹操率兵奪取了襄陽，又出動大軍直取江陵，想一舉消滅劉備。劉備被曹兵追至當陽，命張飛斷後。張飛令軍士在當陽橋後的樹林裡砍下一些樹枝拴在馬尾上，在樹林裡往來奔跑，捲起漫天塵土。張飛獨自一人在橋上橫矛立馬，怒視以待。待曹兵追近，張飛一聲大喝，猶如晴天霹靂，嚇得曹兵目瞪口呆。曹操見樹林中塵土飛揚，恐有伏兵，急令軍士撤退。曹兵撤走後，當地百姓聞知張飛在此，便獻上烹好的魚讓他充飢。張飛飢不擇食，連聲稱好。問其菜名，一老者想了想說：「魚因將軍來，菜為將軍吃，當陽橋上一聲吼，嚇退曹兵百萬兵，就叫它『將軍過橋』吧！」將軍過橋，又叫「墨魚兩吃」，是用墨魚、雞蛋清、水發玉蘭片、黑木耳、雞湯及多種調味料烹製而成。此菜魚片細嫩，魚腸香軟，湯羹濃鮮，美味可口，營養豐富，即能佐酒又可佐餐。

饅頭

饅頭，是中國老百姓最常見的一種主食。原指有餡的為饅頭，現北方地區稱有餡的為包子，無餡的為饅頭；南方一些地區則將有餡的、無餡的統稱為「饅頭」。

饅頭在中國已有一千七百多年的製作和食用歷史了。據《雅州府志》記載：西元二二三年（建興三年）九月，諸葛亮為擴充蜀國勢力，親率大軍南征擒孟獲，在引軍返回成都途中行至瀘水，但見上空陰霾密佈，江水洶湧異常。眼看大軍被阻隔江岸，諸葛亮十分焦急，當即詢問孟獲，孟獲告知：「此水有猖神作禍，經常興妖作怪，常致舟翻人亡，水中瘴氣過重，且含有毒物質，觸水致死者頗多。」孟獲還告訴諸葛亮：「可用七七四十九顆人頭，並用黑牛、白羊各一頭祭之，自然風平浪息。」但諸葛亮不願隨意殺人，熟思良久，想出一計，遂命隨軍行廚宰殺牛馬，剁肉為泥，包在白麵團中，做成人頭形狀的大饃，投擲水中，以祭鬼神。次日天明，果然雲開霧散，江水平和，蜀軍安然渡過瀘水。從此，這種「饃頭」被視為高貴食品。宋高承撰《事物紀源》記載：「諸葛亮南征將渡瀘水，土俗人首祭神，亮令雜用牛、羊、豕肉包之，以麵象人頭代之……饅頭名始此。」因中國古代稱南方各族為「蠻」，這種人頭形狀的大饃便被稱為「蠻頭」。《七修類稿》曰：「本名蠻頭，音傳訛為饅頭。」

新野板麵

新野板麵滋味鮮美、形態獨具、口感耐嚼，在豫西南和鄂西北一帶深受人們的喜愛。

相傳三國時，劉備為恢復漢室與關羽、張飛屯兵新野。張飛因力猛食量大，對廚師烹製的光滑細軟的麵條很不滿足。為了適應其口味，廚師反覆琢磨，終於摸索出這種「板麵條」。張飛嘗後，連連稱讚，遂常食此品。

製作新野板麵有三大關鍵：板麵要做好，臊子要質高，配菜要精細。其中板麵的製作非常有趣。將麵和好餳好後，用力揉盤，搓成長條，揪成五〇克大小的劑，搓成小條，抹上油，一層層排在案上，撒上麵粉，用手按扁，壓平，左右手各捏一端，拉長後再折合回來，一手捏住，一手用小擀杖插入另一端，在案板上伸展摔打，拉成寬窄均勻、筋柔透明的麵片。如果吃圓條，可將小劑搓圓，反覆折合摔提，便可做出粗如香柱的「一窩絲」。若將小劑按扁，壓平，撒上麵粉，再捲成圓條拉摔，可製成「空心麵」。

水燒開後，將麵下入，兩滾後加入白菜或菠菜，熱後一齊撈在碗內，澆上羊肉臊子，撒上香菜、蒜苗即可。端起碗來，麵條光潤，油珠漂浮，湯紅菜綠，辣香利口，令人食欲大開。

徐公丸子

山東聊城東關原有一座「廟上廟」，是個二層樓閣，下供關公，上供徐庶。

相傳徐庶曾任聊城知縣。東漢末年，曹操任東郡太守，為稱霸天下到處網羅人才。當他聽說屬下的聊城知縣徐庶是當世奇才時，便以巡視為由蒞臨聊城，打算拉攏結交徐庶。徐庶對曹操的為人很反感，無論曹操言談多麼熱情，徐庶都淡然處之，毫無苟和之意。在為曹操送行時，根據徐庶的安排，廚師特意將丸子做成扁形的。曹操見後問：「丸子應該是圓的，為何做成扁的？你們聊城人真怪啊！」話外之意是諷刺徐庶性情古怪和不識抬舉。徐庶則正色道：「丸子雖扁，風味猶存。」他以丸子自喻，說明自己表面上可以遷就、屈服於曹操，但內心卻堅守潔身自好的高尚情操，決不與之同流合汙！

從此以後，徐庶用以自喻的「扁丸子」被後人稱為「徐公丸子」。

曹操雞

「曹操雞」是一道歷史名菜。

曹操統一北方後，親率大軍南下與孫吳交戰，行至廬州（今安徽合肥）時，因操勞過度，加之頭痛病發作而臥床不起，只得在逍遙津暫作休息。

一個廬州人獻上「祕方」，隨行軍廚根據「祕方」，捉來一隻斤半大小的當地仔雞，配以中藥和好酒滷製後獻給曹操吃。曹操食後甚感美味無比，不覺食欲陡增，竟一口氣吃下了大半隻雞。廚師又連做了三次，曹操都吃了個精光，身體很快就恢復了健康。此後，常讓廚師烹製此雞，還誇讚說：「真乃美味逍遙雞也。」此菜很快在合肥地區流傳開來，並被冠以「曹操雞」的美名，也有人稱之為「逍遙雞」。

「曹操雞」的製作方法是：取當地產一公斤左右的母雞，洗淨去內臟後掛陰涼處風乾，抹上蜂蜜晾乾後用素油炸至金黃色撈起，放入天麻、杜仲、古井貢酒、香菇、冬筍、花椒、大料、桂皮、茴香、蔥薑等十八種開胃健身的輔料湯中滷煮，再燜五小時左右即成。成菜皮脆油亮、造型美觀、香氣濃郁，吃起來骨酥肉爛、味道鮮美、餘香滿口，而且營養豐富，有食療健體之功。當年，香港船王包玉剛吃過「曹操雞」後曾寫下「名不虛傳，堪稱一絕」的題詞。

夾沙肉

相傳三國時，曹軍圍困住了駐兵新野的劉備。軍師諸葛亮設計火燒新野，為劉備解了圍。樊城縣令劉泌設宴慶功，劉備見席中有一威武少年，問其姓名，方知是縣令劉泌的外孫寇封。上菜時，廚役不小心，將肉掉在地上，寇封隨手揀起，轉身丟入口中吃了下去。這一舉動引起了劉備的注意。事後劉備問寇封：「見肉落地，隨口吞食是何意也？」寇封回答說：「身為將吏，應時時垂憐百姓，粒米片肉來之不易，棄之可惜，士卒廚役，終日勞累，受之有餘，偶爾過失，安忍呵斥。」寇封的美德使劉備深受感動並大為讚賞，遂收寇封為義子，改名為劉封。此事傳至軍中也使將士們為之感動。為了表示對劉封的尊敬，廚役們特別烹製了一道名為「夾沙肉」的菜餚，獻給劉封。

「夾沙肉」是用豬肥膘肉、豆沙糖、雞蛋清、玫瑰砂糖、澱粉、豬油等經過幾道工序烹製而成，吃起來外酥裡嫩，肉爛綿軟，香甜可口，令人垂涎欲滴。

與四大美人相關的名菜

西施

西施故里有一種點心被稱為「西施舌」。糕點師用吊漿技法，先用糯米粉製成水磨粉，然後再以糯米粉為皮，包入棗泥、核桃肉、桂花、青梅等十幾種果料拌成的餡心，放在舌形模具中壓製成型，湯煮或油煎均可。這種點心特色顏色如皓月，香甜爽口。

此外，還有一道以海鮮貝類牙蛤或沙蛤製成的湯類，也被賜以「西施舌」的美名。相傳唐玄宗東遊嶗山時，廚師給他做了這道湯菜，唐玄宗吃後連聲叫絕，可見此菜美味非同凡響。這道湯菜，湯汁膩滑，品質爽滑，味道鮮美，有「天下第一鮮」之稱。

昭君

傳說，當年出生在楚地的王昭君出塞後不慣麵食，於是廚師就將粉條和油麵筋泡合在一起，用鴨湯煮，甚合昭君之意。後來人們便用粉條、麵筋與肥鴨烹調成菜，又稱之為「昭君鴨」，一直流傳至今。

在西北地方，還流行一種以王昭君的名字命名的「昭君皮子」，是人們在夏日常吃的釀皮子，其做法是將麵粉分離成澱粉和麵筋，並以澱粉製成麵條，麵筋切成薄片，搭配並食，並輔以麻辣調料。吃起來酸辣涼爽，柔韌可口。

貂蟬

前文介紹過一道有趣的菜叫「貂蟬豆腐」，又名「泥鰍鑽豆腐」。它以泥鰍比喻奸滑的董卓，泥鰍在熱湯中急得無處藏身，鑽入冷豆腐中，結果還是逃脫不了烹煮的命運。好似王允獻貂蟬，巧使美人計一樣。此菜豆腐潔白，味道鮮美帶辣，湯汁膩香。

民間小吃中還有種「貂蟬湯圓」。傳說王允請人在普通的湯圓中加了生薑和辣椒。董卓吃了這種潔白誘人、麻辣爽口、醇香宜人的湯圓後，頭腦發脹，大汗淋漓，不覺自醉，被呂布乘隙殺了。

楊玉環

貴妃雞是上海名廚獨創的一道菜餚。它是用肥嫩的母雞作為主料，用葡萄酒作調料，成菜後酒香濃郁美味醉人，有「貴妃雞」之意。

在西安還有一種「貴妃雞」。它是以雞脯肉、蔥末、料酒、蘑菇等為餡的餃子，形似飽滿的麥穗，皮薄餡嫩，鮮美不膩。

張翰為美食辭官

因為思鄉，懷念家鄉的美食，竟然辭官回鄉，這是歷史上真實的故事。張翰，字季鷹，吳江人。據《晉書‧張翰傳》記載：「張翰在洛，因見秋風起，乃思吳中菰菜、蓴羹、鱸魚膾，曰：『人生貴適意爾，何能羈宦數千里以要名爵乎？』遂命駕而歸。」這故事，被世人傳為佳話，「蓴鱸之思」，也就成了思念故鄉的代名詞。

張翰是個才子，詩書俱佳，寫江南的菜花，有「黃花如散金」之句，李白很佩服他，寫詩稱讚：「張翰黃金句，風流五百年。」不過，張翰留名於世，還是因為蓴菜和鱸魚。關於「蓴鱸之思」，他自己有詩為證：「秋分起兮佳景時，吳江水兮鱸正肥，三千里兮家未歸，恨難得兮仰天悲。」這是他在洛陽思念家鄉時發出的慨歎。這蓴鱸之思，後來有很多人在詩中提及。把思念故鄉的情感，和蓴菜鱸魚聯繫在一起，確實詩意盎然。

唐人詩中，以蓴菜鱸魚的典故表達思鄉之情的作品很多。

崔顥有七絕〈維揚送友還蘇州〉：「長安南下幾程途，得到邗溝吊綠蕪。渚畔鱸魚舟上釣，羨君歸老向東吳。」

白居易《偶吟》：「猶有鱸魚蓴菜興，來春或擬往江東。」皮日休〈西塞山泊漁家〉：「雨來蓴菜流船滑，春後鱸魚墜釣肥。」

有趣的是，中國的「蓴鱸之思」，在唐代竟然還傳到了國外，當時的平安朝，也就是今日朝鮮，他們的國君在詩中擬張志和的〈漁夫詞〉，寫了如下詩句：「寒江春曉片雲晴，兩岸花飛夜更明。鱸魚膾，蓴菜羹，餐罷酣歌帶月行。」這樣的詩句，收入唐人詩集，並不遜色。

唐人熱衷蓴菜鱸魚，到宋代，詩人們似乎興趣更濃。對張翰因思家鄉美食而辭官返鄉的舉動，詩人們不僅理解，而且多加褒揚。

辛棄疾的〈水龍吟〉中有名句：「休說鱸魚堪膾，盡西風，季鷹歸未？」

蘇東坡也有妙句：「季鷹真得水中仙，直為鱸魚也自賢。」

歐陽修為張翰寫過很有感情的詩：「清詞不遜江東名，愴楚歸隱言難明。思鄉忽從秋風起，白蜆蓴菜膾鱸羹。」不少詩人因迷戀張翰蓴鱸之思的典故，來江南感受蓴菜鱸魚的美味，儘管這蓴菜和鱸魚的產地並非他們的家鄉，但借題發揮，抒發一下思鄉之情，也非常自然。陳堯佐：「扁舟繫岸不忍去，秋風斜日鱸魚鄉。」

米芾：「玉破鱸魚霜破柑，垂虹秋色滿東南。」陸游：「今年菰菜嘗新晚，正與鱸魚一併來。」

朱敦儒的《好事近・漁父詞》中，有這樣的描寫：「失卻故山雲，索手指空為客。蓴菜鱸魚留我，住鴛鴦湖側。」

葛長庚的〈賀新郎〉更有意思：「已辦扁舟松江去，與鱸魚、蓴菜論交舊。因念此，重回首。」去江南品嘗一下蓴菜鱸魚，在那時似乎成了一種文人的時尚。

李白與安陸「翰林雞」

「翰林雞」，是楚北安陸市太白酒樓烹製的系列太白菜餚之一，此餚得名，是取李白曾供翰林職之意。其製作係用整雞首先醃漬入味蒸至七成熟，然後去骨切塊，上盤整理成原雞形。另以蛋黃糕雕刻「翰林雞」三字，置雞首前，並以雞湯、磨菇入味和以若干小蝦球點綴，經製複蒸烹製成。可謂制工精細，造形生動，形神兼備，質佳味美。

據有關史籍記載，唐代偉大的浪漫主義詩人李白，自二十六歲出川入楚，於唐玄宗開元十五年（西元七二七年）春來到安陸。他在《上安州裴長史書》中寫道：「見鄉人相如大誇雲夢之事，雲夢有七澤，遂來觀焉。」李白寓居安陸時，結交了不少名人，並以「酒隱安陸，蹉跎十年」而著名。傳說他飽覽古澤楚風後，常豪飲高歌，語驚四座，其才華深受唐高宗時的宰相許圉師（安陸人）的賞識，次年並將自己的孫女嫁予李白。「涓水波於酒，碧山俏作詩」。李白十年酒隱安陸，留下了許多膾炙人口的佳作名篇。

李白平素嗜酒佐食之物，最喜食雞、鴨、鵝、魚及蔬果菜餚，也吃牛、羊肉和野味，唯獨不食豬肉。友人素知詩人生活癖好，故常以雞、鴨、鵝等作菜佐酒助興。在眾多酒餚中，李白對「烹雞」最感興趣。這在後來李白出遊離開安陸，當他接到朝廷詔令時，還想過烹雞的美味，曾作詩曰：「白酒新熟山中歸，黃雞啄黍秋正肥，呼童烹雞酌白酒，兒童嘻笑牽人衣。」由此流露出詩人功名即在眼前，興高彩烈，志得意滿，而痛飲白酒，笑嘗烹雞的得意情景，不久李白便入京任翰林職。

傳說，「翰林雞」一菜，就是友人為欽佩詩人才華而精心製作的佐酒佳餚之一。

蘇東坡拚死吃河豚

日本有一個笑話，一個人捕到一條河豚，拿回家準備煮食，煮熟端上桌來，家裡人都怕有毒不敢下箸。主人靈機一動，盛出一碗給街口乞討的乞丐送去，過了幾個小時再去探視，只見乞丐安然無恙，詢問味道如何，乞丐連連誇讚，一副心滿意足的樣子。主人回去告與家人，大家放心地吃光了河豚。後來出門，經過街口又遇到乞丐，乞丐問主人是否吃過，主人說吃過了。乞丐聽罷，才從身後端出一碗河豚湯來，從容地吃起來。

類似的故事還有許多。大概河豚美味人皆願嘗，而河豚之毒人皆畏懼，吃的時候猶豫不決，神色緊張。這時倒是美食家往往能表現出非凡的勇氣。歷史上就有「蘇東坡拚死吃河豚」的故事。一次，蘇東坡的朋友得到一條河豚，仔細洗淨，精心烹製後，請蘇東坡來品嘗。朋友因是初次製作，家人不敢先食，都躲在屏風後，希望能聽到美食家蘇東坡的評價。河豚端上桌，蘇東坡二話不說拿起筷子大吃起來，室內唯聞咀嚼之聲，過了好久，大家心懷失望正欲退下，只聽蘇東坡長吟一聲：「也值一死了！」蘇東坡為吃河豚甘以生命冒險，成為後來食客的榜樣。

河豚早在《山海經》中即已見載，被稱為「赤鮭」；明代《江陰縣誌》：「河豚魚，一名鮭，立春出於江中，盛於二月。無頰無鱗，口目能開及作聲，凡腹子、目、精、脊血有毒。」李時珍解釋：「豚，言其味美也。」王充在《論衡》中解釋河豚有毒是因為「含太陽火氣而生者」。對河豚的烹製方法，古人的態度可謂慎之又慎，禁忌頗多。吃河豚必須製醬，所用黃豆必須顆顆純黃，若豆色不純，醬燒河豚食後必死；烹煮河豚時房屋要打掃乾淨，揭鍋蓋時還需在鍋上方張傘遮擋煙灰，萬一煙塵落入，食之必死；又烹河豚必須燒透，不透，食之亦必死。真是如臨深淵，如履薄冰，如臨大敵。如此膽戰心驚吃一回，能不印象深刻嗎？所以古人食河豚之詩句亦多。「如刀江鱭白盈尺，不獨河豚天下稀」，「河豚羹玉乳，江鱭會銀絲」，便是人們從餐桌之生死場回來後的溢美之詞。蘇東坡的「竹外桃花三兩枝，春江水暖鴨先知。蔞蒿滿地蘆芽短，正是河豚欲上時」，更寫出了對河豚的垂涎之意。

今人製作河豚雖擯棄了迷信的做法，但一樣有嚴格的操作規程。首先選料要新鮮，色澤鮮豔無異味、皮外無黏液者為可用，腐敗者不可食；其次，取出內臟後，要剝皮，去魚鰓，切開腦骨，洗淨血筋，血水也需控乾淨，眼、肝、籽、腸等棄之不要，洗具要嚴格消毒。烹飪要先入魚白，後依次下皮、骨、肉，以大火和中火燒煮四十餘分鐘方可。吃河豚還是吃由有經驗廚師烹製的為好，經營河豚的酒店有個規矩，上菜之前，廚師或店主要先行試嘗，以示無毒，好使食客放心食用。不然，菜端上來，大家你看我，我看你，各個提心吊膽，幾時才能下箸呢。

唐婉智烹「三不黏」

「提起同和居，也是光緒年間開的買賣……同和居有道甜菜叫『三不黏』，不黏筷子，不黏碟子，不黏牙齒；所以李文忠的快婿張佩綸給這道菜起名『三不黏』。」

唐魯孫先生說的這位張佩綸，是才女張愛玲的祖父，晚清的大名士，李鴻章是他的老泰山。「三不黏」是河南安陽的一道名菜，史載興於北宋，此菜主料是雞蛋。估計唐魯孫是恭維張佩綸，不然以唐翁的博學，不會不知道「三不黏」的出處，這老先生是揣著明白裝糊塗。

雞蛋入饌，前人有之。不過，唐宋以前，多有製法，做法簡單，及至北宋，文人們開始聞香尋食，聚眾研究膳食。安陽乃殷都故地，不乏擅烹之人，粗菜細作，是河南人的強項，這一方面是地域原因，另一方面就是文化所致。小小的雞蛋，加以琢磨，成就了這道著名的「三不黏」。北宋南遷以後，「三不黏」傳到了臨安，江南的「三不黏」，頗有大宋的遺風，它和那道著名的「宋五嫂魚」一樣，挹取文人們的故國情懷，嚼之常潸然淚下。

國人喜歡凡事有個出處，名菜也不例外。相傳，「三不黏」是才女唐婉首創的。唐婉是宋朝著名詩人陸游的表妹，自幼聰慧，人稱才女，後被陸游娶為妻。唐婉和陸游感情很好，但陸游的母親卻對這個才貌雙全、賢慧能幹的兒媳婦看不上眼，總是百般刁難。在陸游母親六十壽辰這天，陸家賓客盈門，擺了九桌席，十分熱鬧。陸母想叫兒媳在客人面前出醜，吃飯間，忽然當著眾人提出：「今天我想吃說蛋也有蛋，說麵也有麵，吃不出蛋，咬不著麵；是火燒，用油炸；看著焦黃，進口鬆軟；瞧著有鹽，嘗嘗怪甜；不黏勺子，不黏盤；不用咬，就能嚥的食物。」唐婉心裡明白，婆婆又想為難她。她二話沒說，走進廚房，先在麵盆裡打了幾個雞蛋，再將雞蛋黃加入澱粉、白糖、清水，用筷子打勻，過細羅。炒鍋添入熟豬油，置中火上燒熱，倒入調好的蛋黃液，迅速攪動。待蛋黃液成糊狀時，一邊往鍋中徐徐加入熟豬油，一邊用勺不停地攪拌，蛋黃糕變得柔軟有勁，色澤黃亮，不黏炒鍋，一會兒工夫就做好了。客人們一看，合乎要求，一嘗，更是口感酥軟，甜鹹適宜，都誇唐婉心靈手巧。

這個菜一不沾盤，二不黏勺，三不黏牙，清爽利口，因此大家給它起名叫「三不黏」。至於北京「同和居」盛傳的「三不黏」，噱頭則更大，和大內的御廚有了關聯。

其實「三不黏」的做法並不複雜，用蛋黃加水兌糖和綠豆澱粉，按四份水、三份雞蛋黃、兩份白糖、一份澱粉的比例，放在盆裡，使勁攪。攪勻以後，在鍋裡擱上豬油來炒。廚師須一邊炒一邊搗，保證原料在鍋裡不黏，又不能炒糊。炒成「三不黏」呈金黃色，蛋糕的形狀即可。炒的過程中，「搗」是個關鍵，既不能重，又不能停，必須要把空氣砸進去，若出了氣泡，則全盤皆失。另外，火候非常講究，大了不行，小了出不了顏色。甜食得漂亮，成色黃燦則為上佳，「三不黏」講究香軟綿潤，嫩而鮮美，清香誘人，鬆軟如飴，含之即化。

做「三不黏」最好用柴雞蛋，至於豬油，則須十月以上的黑山豬板油（豬肉裡面、內臟外面成片成塊的油脂）煉製出來的豬油才有味。

附：三不黏食譜

主料：鮮雞蛋三〇〇克，白糖一〇〇克。調料：乾澱粉五〇克，熟豬油一五〇克，麻油五克，清水二〇〇克。

操作：

一、　將雞蛋打破，蛋清、蛋黃分離各裝入碗中。在裝蛋黃的碗中加入白糖、濕澱粉，用筷子攪拌均勻，過細羅。

二、　炒鍋洗淨置中火上，燒至起煙放入少量豬油劃鍋。炒鍋置中火上，倒入熟豬油一〇〇克待燒至六〇～九〇度時，倒入蛋黃液，同時迅速用手勺攪動。當鍋中蛋黃液呈糊狀時，隨即一邊鍋壁慢慢加入熟豬油，一邊用手勺不停地攪炒約十～十二分鐘，視蛋黃糊由稀變稠時，柔軟有勁，色澤亮黃時，淋入香油，裝盤即成。

朱元璋與虎皮毛豆腐

在中國素菜食譜中，有一道比較有名的豆腐菜餚，叫虎皮毛豆腐。虎皮毛豆腐是安徽馳名中外的素食佳餚。係以本省屯溪、休寧一帶特產的毛豆腐（長有寸許白色茸毛）為主料，用油煎後，佐以蔥、薑、糖、鹽及肉清湯、醬油等燴燒而成。因其豆腐兩面色黃，呈現虎皮條紋，故名。上桌時以辣椒醬佐食，鮮醇爽口，芳香誘人，並且有開胃作用，為徽州地區特殊風味菜。

關於這虎皮毛豆腐的來歷，還要從明朝說起。相傳，明太祖朱元璋幼年時，因家貧困，曾為財主家放牛幫工，每在白天放牛後，半夜就要起來與長工們一起幫磨豆腐，他年紀雖小，但做事很勤快，頗得長工們喜歡，因此，長工們儘量照顧不讓他幹重活。後被財主知道很不滿意，便將他辭退回家了。朱元璋沒辦法，只得和附近一座廟跟前的小乞丐們混在一起。長工們可憐他，每天從財主家偷出一些飯菜和鮮豆腐，藏在廟的乾草堆裡，到時朱元璋就悄悄取走與夥伴們分食。不久，父母兄相繼亡故，朱元璋更孤無所依，便入寺當了和尚。因朱元璋最喜食豆腐，初時，長工們仍照樣送來藏放草堆裡。一次寺裡一連幾天忙著做廟會，長工們見藏放的豆腐原封不動就沒有再送了，當廟會結束，朱元璋才想起去取豆腐，發現豆腐上已長滿了一層白毛，他就拿回廟中，偷偷地弄來油煎食之，覺得味道更香鮮無比。以後，他就常用此法做豆腐吃。

後來到紅巾軍起義爆發後，朱元璋投奔義軍，幾年後他升任紅巾軍左副元帥，時為吳王。一三五七年，一次，他率領大軍到徽州地方駐營時，特命隨軍炊廚給他做油煎毛豆腐吃。這油煎毛豆腐就在當地流傳下來。後來朱元璋做了皇帝，油煎毛豆腐便成了御膳房必備佳餚。

朱元璋出身貧苦。待他坐穩了江山後，規定每頓飯必有粗菜，好讓子孫們「知外間辛苦」。這成為明朝自始至終的一個家法，也是明朝宮膳制度中最有特色的地方。

朱元璋大力提倡，自己也身體力行，他每頓飯都上一個豆腐，作為不忘自己苦出身的實例。但是，到了他的子孫們的手上，這每頓必有的豆腐，就變味了。清代吳騫《拜經樓詩話》講述了一個明代宮廷豆腐的故事。故事說，京城各官署中，翰林院是清水衙門，平常清湯寡水，腸子裡沒有攢下什麼油水。皇帝如到別的地方赴宴，翰林們就可憐巴巴地向光祿寺索要剩下的御膳，改善一下生活。有一天，皇帝去赴宴，眾翰林紛紛去討皇帝的剩飯。一個年輕的翰林去晚了，只端回一盤豆腐，大為懊惱。一個更晚來的老翰林知道了，十分高興，連喊「拿酒來」，然後大快朵頤而去。原來這豆腐根本就不是豆腐，它是用幾百隻鳥兒的腦髓做成的。原來，朱元璋死後，其子孫們雖然保持了頓頓上豆腐的家法，其實那些「豆腐」的原料，早已偷樑換柱。一份豆腐需要數百隻近千隻鳥腦袋，這種特殊豆腐的味道到底如何，人們無法想像。

法海寺老和尚的燒豬頭

清朝時期，瘦西湖裡法海寺的豬頭肉非常有名。據傳說，一個熟的豬頭肉要賣到三兩白銀！清代揚州八怪之一的羅聘有詩云：「初打春雷第一聲，雨後春筍玉淋淋。買來配燒花豬頭，不問廚娘問老僧。」讚的就是乾隆年間揚州第一個燒豬頭拿手的老和尚。和尚燒豬頭好像很有傳統，朱自清在他的〈揚州的夏日〉裡，也念念不忘揚州瘦西湖法海寺老和尚的燒豬頭。

自古以來，揚州和尚研究佛教的戒律非常有名氣，那些得道的高僧當然是佛性堅定，但是也有些饞嘴的小和尚經常想辦法偷偷吃葷，法海寺的豬頭肉就是那些饞嘴的小和尚的「創舉」。

佛教的戒律明文規定，和尚不許吃葷破戒，也不允許把肉弄進佛門淨地，更不要說在寺廟裡煮豬頭肉了，那味道就沒法遮掩。那一心想吃肉的小和尚怎麼辦呢？辦法總是比困難多！小和尚就買來一隻新尿壺，用水洗一洗，大家湊點錢偷偷買來小豬頭（俗稱「鬼臉子」），剔去骨頭，除光豬毛，把豬頭揣進尿壺裡，放齊蔥薑酒鹽等作料，用荷葉把尿壺的口紮緊，再用黃泥把口封死。然後就把這個尿壺放在大殿的背後，用供桌上的蠟燭火慢慢地燒這個壺底，一支蠟燭燒完了，再續一個。一來地點比較隱蔽，二來也沒任何味道飄出，大和尚也無法察覺。據說經過兩天兩夜的燜燒，豬頭肉也就神不知鬼不覺地燒熟了。悄悄打開尿壺，嗨，那個味道可真是香死人了！於是大家就背著大和尚，大快朵頤。當年的小和尚熬到老了，也就成了做豬頭肉的高手了。

揚州的鹽商可是吃盡天下美食的，他們消息靈通，於是就花重金去買法海寺的豬頭肉，嘗了以後覺得果然味美無比。法海寺豬頭肉的名氣就這樣流傳開了。據說民國時一尿壺紅燒豬頭要賣四塊大洋，還不是很容易買到。如果不是與和尚很熟悉，他會來一句：「阿彌陀佛，善哉善哉！」你就有錢也難有此口福了。

李漁存錢為吃蟹

河蟹作為美味佳餚，自古以來備受人們的青睞。東漢鄭玄注《周禮·天官·庖人》：「薦羞之物謂四時所膳食，若荊州之魚，青州之蟹胥。」呂忱《字林》曰：「胥，蟹醬也。」東漢郭憲撰的《漢武洞冥記》卷三有：「善苑國嘗貢一蟹，長九尺，有百足四螯，因名百足蟹。煮其殼勝於黃膠，亦謂之螯膠，勝鳳喙之膠也。」

隋煬帝以蟹為食品第一。《清異錄》記載：「煬帝幸江都，吳中貢糟蟹、糖蟹。每進御，則上旋潔拭殼面，以金鏤龍鳳花雲貼其上。」

古人以吃蟹為雅事。有詩云：「海棠花氣靜入闈，此夜庭前紫蟹肥。玉筍蘇湯輕盥罷，笑看蝴蝶滿盤飛。」說的是秋夜與美人一起吃蟹，但見那堂前花影，盤中肥蟹；海棠香氣習習，美人言笑晏晏，富貴還透著有文化，優雅中又有隱隱的風月，正是吃蟹的最高境界，令人悠然神往。

宋元時期流行吃「洗手蟹」，係以鹽、酒、橙皮、花椒等調料醃漬而成。朱彝尊《食憲鴻祕》記載「蟹丸」食譜。袁枚的《隨園食單》記載：「蟹宜獨食，不宜搭配他物。最好以淡鹽湯煮熟，自剝自食為妙。蒸者味雖全，而失之太淡。」

自古愛蟹者極多，人稱「蟹仙」的，獨李漁一人。李漁是清代著名的劇作家和戲劇理論家，又是一名傑出的小說家和美學家。相傳，他對螃蟹的「崇拜」到了無以復加的地步。每年螃蟹即將上市的時候，他就開始存錢，用來買蟹，呼作「買命錢」。同時，命家人「滌甕釀酒」，糟曰「蟹糟」，酒曰「蟹釀」，甕曰「蟹甕」。他把九月和十月稱做「蟹月」，有一個丫環專門負責烹蟹，他也給人家改名為「蟹奴」。此外，他還專門作文一篇，詳述螃蟹的鮮味製法，就連從缸內取蟹時的規矩都說得一清二楚。

李漁說：「凡食蟹者，只合全其故體蒸而食之……入於口中實屬鮮嫩細膩。」「蟹之鮮而肥，甘而膩，白似玉而黃似金，已造色香味三者之極致，更無一物可以上之……獨於蟹螯一物，心能嗜之，口能甘之，無論終身一日皆不能忘之。」因此，素有「螃蟹上席百味淡」的美稱。

「八寶素菜」傳說

「八寶素菜」是中國潮州素菜中的代表菜，該菜歷史悠久，遠在唐宋年間，潮汕一帶地區，已有人烹製類似的菜餚。

「八寶素菜」用料講究，它主要用蓮子、香菇、乾草菇、冬筍、髮菜、大白菜、腐枝、栗子等八種植物性原料，經用上湯精心烹製而成，口感嫩滑、香味濃郁。該菜冠名「八寶」，可見潮汕人民對它的鍾愛和珍視。

「八寶素菜」既然是潮州名菜，在它的長期演變發展過程中，在潮汕地區便有不少關於它的生動傳說。其中最有名的，應該是流傳於清代康熙年間的一則傳說。據說當時曾在潮州府城開元寺舉辦一次廚師廚藝大比試，參加比試的均為在潮汕一帶地區寺廟主理廚政的廚師。在比試中便有烹製「八寶素菜」這一項內容。

在參賽的眾多廚師中，有一位在意溪別峰寺任主廚的廚師十分聰明，他深諳「八寶素菜」是一道素菜，但素菜一定要葷做，也即是這些素的原料，一定要用肉類去炆燉，素和葷結合起來，味道便濃郁無比，否則便清淡無味。但這次比試是佛寺內的比試，比試時是絕對不能攜帶老母雞、排骨、豬肉之類的東西進開元寺的。

怎麼辦呢？這位廚師苦思良久，終於想出了一個好辦法。在比試的前一天，他在自家中先用老雞母、排骨、赤肉熬了濃濃一鍋湯，然後把一條洗乾淨的毛巾放進鍋中煮，再把毛巾晾乾。第二天比試的時候，他把這條毛巾披在肩上，手提一竹籃，籃中盛著蓮子、香菇、冬筍、白菜等類原料走向開元寺。開元寺把門的和尚檢查了他籃中的東西，沒有發現有肉類的東西便放他進去。

開始烹製「八寶素菜」這道菜時，這位廚師便把肩上的毛巾放進鍋中煮片刻，讓毛巾中的肉味全溶解到鍋中再把毛巾取出。結果這位廚師烹製的這道「八寶素菜」獲第一名。

「素菜葷做」是烹製潮州素菜的關鍵，從這一傳說，我們可以看到在歷史上潮汕人民很早就已經掌握到烹製潮州菜的規律。

「糖和尚」蘇曼殊

當今世人為求健康，均遵醫囑儘量少吃糖，以免血糖升高而產生各種疾病。但中國近代史上有一名人卻飲食無節，尤嗜甜物，還自稱「糖僧」（係模仿西天取經的唐代高僧玄奘之俗稱「唐僧」），此人即蘇曼殊是也。

蘇曼殊係廣東香山（今中山）縣人，一八八四年生於日本，原名元瑛（也作玄瑛），曾在日本橫濱大同學校和東京早稻田大學學習。一九〇二年轉入振武學校，學習陸軍，並參加革命團體「青年會」。

次年，他在廣東惠州削髮為僧，取法名「博經」，又稱「曼殊上人」，自此以「蘇曼殊」之名行世。後來他前往上海，結交革命志士，曾參加「南社」，又撰文極力反對袁世凱稱帝，被時人譽為「革命和尚」。

此人非同於一般和尚，不僅投身革命，而且多才多藝，既精通英文、日文和梵文（譯過拜倫、雪萊的詩作和雨果的小說《悲慘世界》），又擅長文學和繪畫，所著小說《斷鴻零雁記》抒寫男女愛情，風行一時，其書法、國畫也堪稱精美清麗。

令人痛心的是，這位天才和尚卻因腸胃病死於一九一八年五月二日，年僅三十五歲。此君為何早夭？據說原因之一，即他「佯狂玩世，嗜酒暴食，貪吃甜食，終於積疾而卒」。

蘇曼殊所嗜甜食五花八門，他愛吃吳江土產麥芽塔餅，常人吃三四枚已夠，他能吃二十枚之多；他又嗜吃蘇州酥糖（著名甜食），一日可啖數十包；他還好食糖炒栗子。一次因病住上海寶昌路醫院時，院長禁止蘇吃糖炒栗子，不料他私下藏匿三四包偷食。後來被轉往廣慈醫院，醫生仍以食糖為戒，但蘇積習難改，據說死後還是在他枕頭底下發現不少糖果。蘇也喜吃八寶飯（也是江浙著名甜食）等，真可謂愛甜如命。

最令「糖僧」嗜好的是一種外國糖果，叫「摩爾登」，據說是法國大仲馬小說《茶花女》女主角所嗜食的，蘇曼殊因為景慕茶花女，也就特別愛吃這種糖果。蘇曼殊每有潤筆收入，總愛買三四瓶「摩爾登」飽食，有一次想吃此糖果，不料囊中無錢，竟把所鑲金牙齒變賣了，再換糖吃。

齊白石揮筆寫「烤」字

在北京宣武門內有個著名的燒烤店，叫「烤肉宛」。過去有一塊齊白石老人為此寫的一個「烤」字的匾。

據說那是一九四九年以前的事了。有一天，有一位老記者請齊白石老人去品嘗一下「烤肉宛」的烤肉。齊老笑著說：「我的牙齒，哪裡嚼得動？」這位記者說：「正是因為讓你嚼得動，所以才請你去吃烤肉。」隨後他又補充了一句：「那肉嫩得跟豆腐似的。」齊老這天興頭很大，拿起手杖，與他一塊去了。果然，烤肉宛的獨特風味，讓他十分高興，連聲讚美。切肉的宛師傅，精心地給他切了兩碗「牛米隆」，使齊老誇不絕口，興致勃勃。宛師傅說：「我們這份烤肉，連個字號牌匾還沒有哪！」於是請齊老給題一塊匾。老人笑著答應。

回到這位記者家裡後，拿來宣紙，老人提筆作書，寫了一個鐘鼎「烤」字。寫完之後，突然停筆，稍加思索，又在下面綴了一行小字：「鐘鼎本無此烤字。此是齊白石杜撰。」寫畢擲筆大笑，興沖沖地走了。

白石老人走後，大家欣賞齊老題字的筆力遒勁，連連讚歎，但是只有一個「烤」字，能不能算匾？也有人出主意：不如仿其筆鋒，添上「肉宛」兩字，成為一塊匾。後來認為那樣不妥，終究就用這一個字，掛在牆上，當做「烤肉宛」的牌匾。

花饌：用鮮花作食物

鮮花，餐風飲露，汲日月精華，除觀賞之外，還是大自然饋贈給人類的珍饈佳餚。以花為美食，在中國有二千年以上的歷史。屈原《離騷》中「朝飲木蘭之墜露兮，夕餐秋菊之落英」的詩句，在說明詩人品性高潔之外，也間接反映戰國末期已見食用花卉的端倪。漢武帝時，宮中每到重陽必飲菊花酒。魏時曹丕曾在重陽贈菊給鍾繇，祝他長壽。晉代葛洪在《抱朴子》中記河南南陽山中人家，因飲了遍生菊花的甘谷水而延年益壽的事。梁簡文帝〈採菊篇〉中則有「相呼提筐採菊珠，朝起露濕沾羅襦」之句，亦採菊釀酒之舉。

漢魏時期釀製菊花酒的方法已有簡述。據《西京雜記》載：「菊花舒時，並採莖葉，雜黍為釀之，至來年九月九日始熟，就飲焉，故謂之菊花酒。」

晉代陶淵明愛菊成癖，有一次，他癡坐菊花叢中，忽見江州刺史王弘送來美酒，他便將菊花充作佳餚下酒，從此成為古今美談。直到明清，菊花酒仍然盛行，在明代高濂的《遵生八箋》中記載，菊花酒是盛行的健身飲料。此俗自漢時宮廷傳入民間，相沿成習至今。

鮮花可食之風更是盛行於唐代。據《隋唐佳話錄》記載：武則天於花朝日（每年農曆的二月十五日）遊園賞花，令宮女採集百花，和米搗碎，蒸成百花糕分賜臣下。她本人十分喜歡松花，愛吃一種用松花製成的糕點。武則天之後，鮮花入饌之風日盛，並相繼出現《山家清供》、《養余月全》等記述烹調鮮花的「花饌譜」。

唐以後，一些文人雅士把食花看作是一種情趣高雅的生活享受，留下許多「秀色可餐」的佳話。宋代蘇東坡喜用松花製作食品。如《酒小史》中載：蘇東坡守定州時於曲陽得松花酒，他將松花、槐花、杏花入飯共蒸，密封數日後得酒。並揮毫歌詠，作了《松醪賦》：「一斤松花不可少，八檸蒲黃切莫炒，槐花杏花各五錢，兩斤白蜜一齊搗。吃也好，浴也好，紅白容顏直到老」，道出了松花的美顏功能。

清朝慈禧為美顏養身，常以鮮花為食。每年六月之後，在荷花盛開的季節，待紅日躍出地平線，荷花開放後，慈禧令宮女們採摘最完整、妖豔的荷花帶回御膳房，將肥壯的花瓣浸在雞蛋、雞湯調好的澱粉糊裡，再炸至金黃酥脆作為點心。她還將玫瑰花搗爛，拌以紅糖，經過特殊的配料加工，製成一種花醬，塗在麵食點心上，食後齒頰留香。

由於慈禧太后常用鮮花提取精萃，用於美容、美髮、潤膚，她的膚髮老而不衰。

近年來，科學家們研究發現，花卉含有十六至二十二種胺基酸及豐富的蛋白質、澱粉、脂肪，並含有維生素A、B、C以及鐵、鎂、鉀、鋅等微量元素，還含有抗菌和抗病毒物質，具有一定的藥用和保健功能，可增強體質、延年益壽。如菊花能安腸胃、利血氣；金銀花清熱解毒、養血止渴；茉莉花生髮養肌；梨花清熱化痰；梔子花清肺涼血；玫瑰花活血理氣，駐人容顏；芍藥花能行血中氣；月季花能消腫療瘡。由此看來，古人食花習俗確有其道理。

袁世凱餐桌演戲

袁世凱的吃頗具「特色」。從表面上看，和慈禧相比，他的吃顯得相當節儉，早餐無非是米粥、饅頭、煮雞蛋，僅此而已。即使當上大總統後，桌上的正餐也就是四五個菜。午膳僅兩條鯽魚，用薑醋調味，一個大饅頭，麥粉或小米粉熬成米糊一碗。就餐時，把瓶裝的粉狀物撒向米糊，用湯匙攪勻而食。不明就裡的官員見大總統飲食如此簡單隨便，大為感動。有人甚至提出建議，令全國效法以倡清廉之風。

後來，天津洋務局督辦顏韻伯揭開了袁世凱的偽裝：這是慣常演戲的袁世凱做給別人看的。以袁世凱平時愛吃的鯽魚為例，這裡面名堂就大了。這鯽魚可不一般，它是和黃河鯉魚齊名的洪河鯽，乃河南名產，長尺許，腹厚幾寸，肥鮮嫩滑，價格不菲。由河南運到北京，並不困難，但要保持鮮美，卻不好辦。服侍一國之尊，當然有絕法：用箱盛滿未凝的豬油，將活魚放在油中，魚窒息了，豬油凝結和外間空氣隔絕，這才裝運。如此妙法，一般人誰能想到？

至於那米糊本身倒是一般，祕密在於那撒向米糊的調料。據說那裝在小瓶裡的調料既不是胡椒粉也不是味精，而是關東上等鹿茸研成的細末，袁世凱靠它才能龍精虎猛，一面操心竊國大事，一面應付列屋閒居內寵。鹿茸末調在米粥中，是食補也是藥補，不知內情者，怎不受其蒙蔽？

入冬以後，袁世凱每餐必有他最愛吃的清蒸鴨子，這道菜看上去普普通通，與老百姓吃鴨沒啥兩樣。內中的祕製方法，大概只有袁府廚師知曉。袁世凱所吃的清蒸鴨子要選填鴨，且是上好的品種，由專人精心飼養。民間填鴨選用的飼料一般是高粱、小米等雜糧，而袁世凱的家廚餵鴨子的飼料卻極為特殊——竟是補陽益精的鹿茸。鹿茸還需切成薄片，搗成細屑，用新高粱調和，按規定次數準時填餵。這樣飼養出的鴨子肉質細嫩，滋味鮮美，且大補腎元。《清稗類鈔》亦記有：「袁慰廷（袁世凱字）內閣喜食填鴨，而豢養填鴨之法，則日以鹿茸搗屑，與高粱調和而飼之。」

袁世凱吃鴨子是他的一絕，最喜歡吃鴨肫、鴨肝和鴨皮。吃鴨皮時，用象牙筷子把鴨皮一掀，一轉兩轉，就把鴨皮掀下一大塊來，然後放入口中，手法異常熟練。

他愛吃人參、鹿茸一類滋養補品，但不像常人水煎後再服食，而往往是一把一把地將人參、鹿茸放在嘴裡嚼著吃。

袁世凱每頓飯都得有醬油佐餐，還美其名曰是效法黃帝和大禹，為黎民百姓帶個節儉的好頭。殊不知，袁世凱家廚用的醬油都是從奉天（今瀋陽）特進的，那座正規的醬油釀製廠由張作霖建立，做出來的醬油很是有名。

一第六章一

節令佳節這樣吃，沒白過

吃，不僅僅是一日三餐，解渴充飢，還往往蘊含著人們認識事物、理解事物的哲理，具有深刻的社會意義。在中國很多地方，新生兒誕生後，親友要吃紅蛋表示喜慶。「蛋」表示著生命的延續，「吃蛋」寓意著中國人傳宗接代的厚望。這種「吃」，表面看是一種生理滿足，實際上是藉吃這種形式表達了豐富的心理內涵。

立春：春餅

春餅是北京民俗應節食品，又稱薄餅，是一種烙得很薄的麵餅。清《陳檢討集》：「立春日啖春餅，叫做『咬春』。」

諺云：「春打六九頭。」中國早在古代就有立春日試春盤的風俗。杜甫〈立春〉詩云：「春日春盤細生菜，忽憶兩京全盛時。」

唐《四時寶鏡》記載：「立春，食蘆、春餅、生菜，號『菜盤』。」可見唐代人已經開始試春盤、吃春餅了。

老北京人講究立春這一天吃春餅。所謂春餅，又叫荷葉餅，其實是一種燙麵薄餅——用兩小塊水麵，中間抹油，製成薄餅，烙熟後可揭成兩張。春餅是用來捲菜吃的，菜包括熟菜和炒菜。

炒菜簡單，無非是蛋皮、炒菠菜、韭黃炒肉絲、炒豆芽菜、肉末炒粉絲之類，還有醬肘子、燻肘子、大肚兒、小肚兒、香腸、燒鴨、燻雞、清醬肉、爐肉等熟食。現在人家大都備得齊。最後備上一碟甜麵醬、一碟切細的羊角蔥絲。

吃春餅的樂趣一半也在自己動手揭餅、抹醬、取菜、捲餅，然後放口大嚼，很有點返樸歸真的味道。意思到了，熟菜齊不齊倒在其次。

蘇東坡詩中寫道：「漸覺東風料峭寒，青蒿黃韭試春盤。」吃了春餅，試了春盤，春天也就來了。

農曆二月初二，是中國古諺所說龍抬頭的日子（「二月二，龍抬頭」），這一天北京人也要吃春餅，名曰「吃龍鱗」。春餅比吃烤鴨的薄餅要大，並且有韌性，因為要捲很多菜吃。

正月十五：元宵

「元宵」作為食品，在中國也由來已久。宋代，民間即流行一種元宵節吃的新奇食品。這種食品，最早叫「浮元子」後稱「元宵」，生意人還美其名曰「元寶」。元宵即「湯圓」，以白糖、玫瑰、芝麻、豆沙、黃桂、核桃仁、果仁、棗泥等為餡，用糯米粉包成圓形，可葷可素，風味各異。可湯煮、油炸、蒸食，有團圓美滿之意。陝西的湯圓不是包的，而是在糯米粉中「滾」成的，或煮或炸，團團圓圓。同時，還要吃些應節食物，在南北朝時澆上肉湯汁的米粥或豆粥。但這項食品主要用來祭祀，還談不上是節日食品。到了唐朝鄭望之的《膳夫錄》才記載了「汴中節食，上元油鍾」。油鍾的製法，據《太平廣記》引《盧氏雜說》中一則「尚食令」的記載，類似後代的炸元宵。也有人美其名為「油畫明珠」。

唐朝的元宵節食是麵蠶。

王仁裕（八八〇—九五六）的《開元天寶遺事》記載：「每歲上元，都人造麵蠶。」此習俗到宋代仍有遺留，但不同的應節食品則較唐朝更為豐。呂原明的《歲時雜記》就提到：「京人以綠豆粉為科斗羹，煮糯為丸，糖為臛，謂之圓子鹽豉。捻頭雜肉煮湯，謂之鹽豉湯，又如人日造蠶，皆上元節食也。」

到南宋時，就有所謂「乳糖圓子」的出現，這應該就是湯圓的前身了。最晚到明朝，人們就以元宵來稱呼這種糯米團子。劉若愚（一五八四—？）的《酌中志》記載了元宵的作法：「其製法，用糯米細麵，內用核桃仁、白糖、玫瑰為餡，灑水滾成，如核桃大，即江南所稱湯圓也。」

清朝康熙年間，御膳房特製的「八寶元宵」，是名聞朝野的美味。馬思遠則是當時北京城內製作元宵的高手。他製作的滴粉元宵遠近馳名。符曾（一六八八—一七六〇）的〈上元竹枝詞〉云：「桂花香餡裹胡桃，江米如珠井水淘。見說馬家滴粉好，試燈風裡賣元宵。」一詩中所詠的，就是鼎鼎大名的馬家元宵。

近千年來，元宵的製作日見精緻。光就麵皮而言，就有江米麵、黏高粱麵、黃米麵和玉米麵。餡料的內容更是甜鹹葷素、應有盡有，甜的有所謂桂花白糖、山楂白糖、什錦、豆沙、芝麻、花生等，鹹的有豬油肉餡，可以作油炸炒元宵，素的有芥、蒜、韭、薑組成的五辛元宵，有表示勤勞、長久、向上的意思。

製作的方法也南北各異。北方的元宵多用篩滾手搖的方法，南方的湯圓則多用手心揉團。元宵可以大似核桃、也有小似黃豆，煮食的方法有帶湯、炒吃、油氽、蒸食等。不論有無餡料，都同樣的美味可口。目前，元宵已成了一種四時皆備的點心小吃，隨時都可以來一碗解解饞。

二月二：炒豆、豬頭

農曆二月初二，中國民間有「二月二，龍抬頭」的諺語，表示春季來臨，萬物復甦，蟄龍開始活動，預示一年的農事活動即將開始。在北方，二月二又叫龍抬頭日，亦稱春龍節。在南方叫踏青節，古稱挑菜節。大約從唐朝開始，中國人就有過「二月二」的習俗。

相傳，武則天當了皇帝，玉帝便下令三年內不許向人間降雨。但司掌天河的玉龍不忍百姓受災挨餓，偷偷降了一場大雨，玉帝得知後，將司掌天河的玉龍打下天宮，壓在一座大山下面。山下還立了一塊碑，上面寫道：龍王降雨犯天規，當受人間千秋罪。要想重登靈霄閣，除非金豆開花時。

人們為了拯救龍王，到處尋找開花的金豆。到了第二年二月初二這一天，人們正在翻晒金黃的玉米種子，猛然想起，這玉米就像金豆，炒開了花，不就是金豆開花嗎？於是家家戶戶爆玉米花，並在院裡設案焚香，供上「開花的金豆」，祈禱龍王和玉帝看見。龍王知道這是百姓在救祂，就大聲向玉帝稟報：「金豆開花了，放我出去！」玉帝一看人間家家戶戶院裡金豆花開放，只好傳諭，詔龍王回到天庭，繼續為人間興雲布雨。

從此以後，民間形成了習慣，每到二月初二這一天，人們就爆玉米花，也有炒豆的。大人小孩還念著：「二月二，龍抬頭，大倉滿，小倉流。」有的地方在院子裡用灶灰撒成一個個大圓圈，將五穀雜糧放於中間，稱作「打囤」或「填倉」。其意是預祝當年五穀豐登，倉囤盈滿。普通人家在這一天要吃麵條、春餅、爆玉米花、豬頭肉等，不同地域有不同的吃食，但大都與龍有關，普遍把食品名稱加上「龍」的頭銜，如吃水餃叫吃「龍耳」；吃春餅叫吃「龍鱗」；吃麵條叫吃「龍鬚」；吃米飯叫吃「龍子」；吃餛飩叫吃「龍眼」。

吃春餅叫做「吃龍鱗」是很形象的，一個比手掌大的春餅就像一片龍鱗。春餅有韌性，內捲很多菜。如醬肉、肘子、燻雞、醬鴨等，用刀切成細絲，配幾種家常炒菜如肉絲炒韭芽、肉絲炒菠菜、醋烹綠豆芽、素炒粉絲、攤雞蛋等，一起捲進春餅裡，蘸著細蔥絲和淋上香油的麵醬吃，真是鮮香爽口。吃春餅時，全家圍坐一起，把烙好的春餅放在蒸鍋裡，隨吃隨拿，歡歡樂樂。

漢族的傳統習俗是在二月初二這天吃豬頭肉。自古以來，供奉祭神總要用豬牛羊三牲，後來簡化為三牲之頭，豬頭即其中之一。以前人們通常在臘月二十三過小年時殺豬宰羊，初一、初五、十五都完了，肉也基本上吃光了，最後剩下一個豬頭。到了二月二，就把這「龍頭」作為供品拿來享用了。

農曆二月二吃芥菜飯是溫州民間廣為流傳的習俗，並有「吃了芥菜飯不生疥瘡」的說法。舊時，老百姓生活貧困，衛生意識淡薄，再加上缺醫少藥，皮膚病（如疥瘡）患者多，且易傳染。芥菜含有大量的葉綠素及維生素C，經常食用富含葉綠素及維生素C的蔬菜，能提高自身免疫能力，增強抵抗力，對人的皮膚有好處。

這一天，其他習俗也很多。婦女們在這一天不能做針線活，因為蒼龍在這一天要抬頭觀望天下，使用針會刺傷龍的眼睛；婦女起床前，先念「二月二，龍抬頭，龍不抬頭我抬頭」。起床後還要打著燈籠照房梁，邊照邊念「二月二，照房梁，蠍子蜈蚣無處藏」；有的地方婦女停止洗衣服，怕傷了龍皮等等。

從科學角度看，農曆二月初二是在「驚蟄」前後，大地開始解凍，天氣逐漸轉暖，農民告別農閒，開始下地勞作了。所以，古時把「二月二」又叫做「上二日」。因此，盛行於中國民間的春龍節，在古時又稱「春耕節」。

清明：青團

每年的陽曆四月五日或它的前後日，是中國傳統節日之一清明節。清明一詞有「物至此時，皆以潔齊而清明矣」之意。每到清明，春光明媚，布穀聲聲，神州大地到處是一派欣欣向榮、生機勃勃的景象。清明食俗是伴隨著清明祭祖活動而展開的。是日家家要準備豐盛的食品前往本家祖墳上祭奠。「相傳百五禁煙廚，紅藕青團各祭先」，這首〈吳門竹枝詞〉詩說的是人們在清明節吃冷食青團，並用紅藕、青團祭祀祖先，其中所說「百五」，是指冬至過後一〇五天為寒食。清代《清嘉錄》對青團有更明確的解釋：「市上賣青團熟藕，為祀先之品，皆可冷食。」清代文學家、美食家袁枚的《隨園食單》中，對青團的製作有翔實記載：「搗青草為汁，和粉作團，色如碧玉。」青團，又叫艾團，是一種用草頭汁做成的綠色糕團，有的是採用青艾，有的以雀麥草汁和糯米一起舂合，使青汁和米粉相互融合，然後包上豆沙、棗泥等餡料，用蘆葉墊底，放到蒸籠內。蒸熟出籠時用毛刷將熟菜油均勻地刷在團子的表面，所以青團碧青油綠，糯韌綿軟，甘甜細膩，清香爽口，從色彩到口感都有著春天的氣味，是清明與寒食節時南方民間的一道傳統點心。

據考證，「青團」之稱大約始於唐代，至今每逢清明，江南幾乎家家戶戶蒸青團，雖然青團流傳千百年形制未變，但現在人們更多的是應令嘗新，青團作為祭祀的功能已日益淡化。

中國南北各地清明節有吃饊子的食俗。「饊子」為一油炸食品，香脆精美，古時叫「寒具」。寒食節禁火寒食的風俗在中國大部分地區已不流行，但與這個節日有關的饊子卻深受世人的喜愛。現在流行於漢族地區的饊子有南北方的差異：北方饊子大方灑脫；南方饊子精巧細緻。在少數民族地區，饊子的品種繁多，風味各異，尤以維吾爾族、納西族和回族的饊子最為有名。

清明時節，正是採食螺螄的最佳時令，因這個時節螺螄還未繁殖，最為豐滿、肥美，故有「清明螺，賽似鵝」之說。螺螄食法頗多，可與蔥、薑、醬油、料酒、白糖同炒；也可煮熟挑出螺肉，可拌、可醃、可熗，無不適宜。若食法得當，真可稱得上「一味螺螄千般趣，美味佳釀均不及」了。

端午：粽子、雄黃酒

農曆五月五日端午節，又稱端陽節。據說，端午節起源於遠古的祭龍活動，到戰國時又和紀念詩人屈原聯結起來。人們每年五月五日裹粽子、划龍船，紀念自沉汨羅江的屈原。

「粽子香，香廚房。艾葉香，香滿堂。桃枝插在大門上，出門一望麥兒黃。這兒端陽，那兒端陽，處處都端陽。」這是舊時流行甚廣的一首描寫端午節的民謠。總體上說，端午節吃粽子，古往今來，中國各地都一樣。

粽子最早出現在春秋時期，當時主要有兩種粽子，用菰葉（茭白葉）包黍米成牛角狀，稱「角黍」；用竹筒裝米密封烤熟，稱「筒粽」。到晉代，端午食粽子成為全國性風俗，「仲夏端午，烹鶩角黍」，這是西晉周處所作《風土記》一書中的明確記載。當時包粽子的原料除米外，還添加中藥材益智仁，稱「益智粽」。到了唐代，粽子已經成為端午節的必備食品。唐人姚合「渚鬧漁歌響，風和角粽香」的詩句，反映了當時食粽之普遍。宋代時，出現了用「艾葉浸米裹之」的「艾香粽子」。元代的粽子包裹料已從菰葉變革為箬葉，突破了菰葉的季節局限。明代出現用蘆葦葉包的粽子，附加料已出現豆沙、豬肉、松子仁、棗子、核桃，品種更加豐富多彩。今天流行的「火腿粽子」則出現在清代乾隆年間。

如今的粽子更是多種多樣，璀璨紛呈。現今各地的粽子，一般都用箬殼包糯米，但內含的花色則根據各地特產和風俗而定，著名的有桂圓粽、肉粽、水晶粽、蓮蓉粽、蜜餞粽、板栗粽、辣粽、酸菜粽、火腿粽、鹹蛋粽等等。

端午飲雄黃酒的習俗，從前在長江流域地區極為盛行。古語曾說「飲了雄黃酒，病魔都遠走」。雄黃是一種礦物質，俗稱「雞冠石」，其主要成分是硫化砷，並含有汞，有毒。一般飲用的雄黃酒，只是在白酒或自釀的黃酒裡加入微量雄黃而成，無純飲的。雄黃酒有殺菌驅蟲解五毒的功效，中醫還用來治皮膚病。在沒有碘酒之類消毒劑的古代，用雄黃泡酒，可以祛毒解癢。未到喝酒年齡的小孩子，大人則在他們的額頭、耳鼻、手足心等處塗抹上雄黃酒，意在消毒防病，蟲豸不叮。古詩云：「唯有兒時不可忘，持艾簪蒲額頭王。」意思是說端午節這天，孩子們拿了艾葉，戴上菖蒲，額頭上用雄黃酒寫了「王」字，以辟邪防疫。把雄黃酒灑在牆角、床底等處，可以驅蟲，清潔環境。但現代科學研究表明，雄黃酒外用尚可，飲則有害，必須慎用。

附：世界各國的粽子習俗

端午節吃粽子是中國的傳統習俗，然而，在國外也有不同的吃粽子習俗。

日本人在過節時所吃的粽子不是用糯米做的，而用粉碎的米粉做，粽子的形狀與中國不同，普遍將粽子包成錘子形狀。

緬甸人也喜愛吃粽子，但和端午節沒有什麼關係。他們是用糯米為原料，用成熟的香蕉和椰蓉作餡，這樣做成的粽子酥軟、甜滋滋的，吃時香味撲鼻，令人回味無窮。

越南人在端午節吃方形鹹粽。這種粽子是用蝦、瘦肉、鴨蛋黃、紅豆做餡，頗具閩粵風味。還有一種甜粽，是用糯米粉捏成粉團，將椰絲、紅豆或綠豆餡塞入粉團做成的菱形粽，蒸熟之後沾上蜜汁或砂糖吃。

新加坡人都很愛花，每當有客人來訪時，主人都會送上幾束花，而且還會端來花汁浸染的粽子請客人來品嘗。這種花汁粽子是用綠葉包成多角形狀，只有雞蛋大小，展開綠葉後的粽子，是由花汁染成淡綠色的米粉精心製作而成，色澤誘人，吃起來味道清香可口。

馬來西亞人所做的粽子與廣東一帶的粽子有點相似，除了較常見的鮮肉粽子和火腿粽子等品種外，還有豆沙和椰蓉等幾種粽子，香甜可口，美味醇香。

印尼人對粽子餡要求特別講究：有豬肉餡、牛肉餡、雞肉餡，有臘肉餡、火腿餡，還有廣味香腸餡、蝦肉餡、魚肉餡。印尼粽子是用粳米做的，較之糯米容易消化，加上竹葉誘人的香氣，很能引起人們的食欲。

菲律賓粽子是長條形，風味與中國浙江一帶的粽子相同。粽子是菲律賓人過耶誕節必不可少的食物。

泰國人在每年四月潑水節或七至九月雨季時吃粽子。泰國粽子以甜味為主，包粽子前，先將糯米泡在椰汁，使之具有椰味清香。粽子餡用椰子、黑豆、芋頭、地瓜等做成，外形小巧精緻，泰國粽子有蒸、烤兩種吃法。

哥斯大黎加的粽子用一種經過特別加工，帶有黏性的玉米粉為主要原料，配以雞肉、牛肉、胡蘿蔔、馬鈴薯、橄欖、辣椒等。有的還要澆上牛肉汁，然後用新鮮的香蕉葉包成扁方形。

祕魯人是在耶誕節時吃粽子，全家人圍坐在一起邊歡慶耶誕節，邊吃粽，甚至已出嫁的女兒，也趕回娘家吃粽子。

在墨西哥，粽子所用的原料是粗顆粒的玉米麵，用肉片和辣椒等做粽子的餡，用玉米或香蕉的葉子包成，吃起來別有一番風味。

立秋：燉肉

北京人自古就講究吃，並且是什麼季節吃什麼，在這方面北京人特別的在意和講究。比如說立春那天吃春餅；穀雨那天煮麵條；端午時節包粽子；立秋燉大肉（意為貼秋膘）。那麼何謂「貼秋膘」呢？

北京人有「苦夏」之說，由於天氣太熱，人們什麼都吃不下去，有厭食之感。每日除了花樣翻新的吃一些過水涼麵條以外，再也沒別的可吃。這既是一種季節反映，同時也是一種心理反映。一但立了秋，雖然還是熱，但身上再無濕黏不適之感，畢竟涼爽的秋天快要到了，於是就開始萌發了要做點好吃的想法，以補償入夏以來的虧空，吃什麼呢？最解饞的非燉肉莫屬！用吃燉肉的辦法把夏天身上掉的膘重新補回來，所以叫「貼秋膘」。這種習慣不知是從什麼時候開始的，但卻流傳到了今天。

每到立秋這天，市場上賣得最好的就是肉。北京人在這天吃燉肉別提多講究了。首先，家裡的主婦要到市場上買一大塊非常新鮮的豬後臀尖肉，回到家裡洗淨，在爐子上坐好了鍋，裡面除了切成方塊的肉和水以外，還要放上蔥、薑、蒜、花椒、料包、醬油、鹽、用文火燉。在這裡面的料包可不簡單，它是由：丁香、肉桂、桂皮、香葉、木香、涼薑、白芷、陳皮、豆蔻、砂仁、桂圓、小茴香、甘草等等二十多種中草藥香料組成，燉出來的肉香味撲鼻。可以說在這一天裡，整個北京城完全沉浸在燉肉的香味裡。

其實，北京人在這天吃燉肉，除了久遠的風俗習慣以外，對養生保健也是大有好處的。因為夏天太熱，人們會不自覺的偏食，這對人體的生態平衡是非常有害的，往往還會對人體的內分泌和生物機能造成影響。而就在這個時候，人們用吃燉肉的方法解決了這個問題，在體內既補充了必要的營養、脂肪、蛋白質以及多種微量元素，又達到了增強肌體抵抗能力的作用，同時料包內的各種中草藥的中和，對人體更是有祛瘟除濕、平補平瀉的療效。

七夕節：巧食

中國農曆的七月初七是七夕節，被稱為是我們中國人自己的「情人節」，是傳說中牛郎織女從鵲橋渡天河相會的日子。七夕習俗起源於漢代，東晉葛洪的《西京雜記》有「漢彩女常以七月七日穿七孔針於開襟樓，人俱習之」的記載，這便是我們於古代文獻中所見到的最早關於乞巧的記載。後來的唐宋詩詞中，婦女乞巧也被屢屢提及，唐朝王建有詩說「闌珊星斗綴珠光，七夕宮娥乞巧忙」。據《開元天寶遺事》載：唐太宗與妃子每逢七夕在清宮夜宴，宮女們各自乞巧，這一習俗在民間也經久不衰，代代延續。

人們心中的織女是個勤勞善良、心靈手巧的天仙，所以七月七這天晚上，年輕的姑娘和少婦都要出來行拜祭的禮儀，並向織女乞巧，希望自己也能像織女一樣有雙靈巧的手，有顆聰慧的心，會過上幸福美滿的生活。《帝京景物略》卷二《春場》中記有：「七月七日午丟巧針，婦女曝盎水日中，頃之，水膜生面，繡針投之則浮。則看水底針影，有成雲物、花頭、鳥獸影者，有成鞋及剪刀、水茄影者，謂乞得巧。其影粗如槌，細如絲，直如軸蠟，此拙徵矣。婦或歎，女有泣者。」從中可以看出，人們對這種乞巧的活動是相當虔誠的。因為七夕節與女事關係密切，所以又叫「女兒節」，是中國傳統節日中的婦女節。

七夕節有吃巧食的風俗。巧食的內容有瓜果和各式各樣的麵點，各地習俗不一。《東京夢華錄》中記錄了北宋汴京的巧食：「以油麵糖蜜，造為笑靨兒，謂之果食，花樣奇巧。」《清嘉錄》則記載了當時吳地的巧食：「以麵和糖，製作苧結。」膠東地區習慣用麥芽糖和麵，做成圓形和半圓形的兩種巧果，男子吃圓的，女人吃半圓形的。各種巧食做成後，都要陳列到庭院中的几案上，好像要請天上的織女來品評。然後大家一面觀賞著遙遠的夜空，一面吃著各種巧食，不但祈求心靈手巧，還祈求得到財富、早日有美滿甜蜜的婚姻等。

中秋節：月餅

相傳中國古代，帝王就有春天祭日、秋天祭月的禮制。在民間，每逢八月中秋，也有拜月或祭月的風俗。「八月十五月兒圓，中秋月餅香又甜」，這句名諺道出中秋之夜城鄉人民吃月餅的習俗。月餅最初是用來祭奉月神的祭品，後來人們逐漸把中秋賞月與品嘗月餅，作為家人團圓的象徵，慢慢月餅也就成了節日禮品。

月餅最初起源於唐朝軍隊祝捷食品。唐高祖年間，大將軍李靖征討突厥得勝，八月十五凱旋。當時有經商的吐魯番人向唐朝皇帝獻餅祝捷。高祖李淵接過華麗的餅盒，拿出圓餅，笑指空中明月說：「應將胡餅邀蟾蜍。」說完把餅分給群臣一起吃。

南宋吳自牧的《夢粱錄》一書，已有「月餅」一詞，但對中秋賞月、吃月餅的描述，至明代的《西湖遊覽志會》才有記載：「八月十五日謂之中秋，民間以月餅相遺，取團圓之義。」到了清代，關於月餅的記載就多起來了，而且製作越來越精細。月餅發展到今日，品種更加繁多，風味因地各異。其中京式、蘇式、廣式、潮式等月餅廣為人們所喜食。

月餅象徵著團圓，是中秋佳節必食之品。在節日之夜，人們還愛吃些西瓜等團圓的果品，祈祝家人生活美滿、甜蜜、平安。

另外，由於中國地域遼闊，民族眾多，除了賞月、拜月、吃月餅、大團圓等比較廣泛的習俗外，各地還有一些區域性的特殊習俗。

偷吃：在湖南省與貴州省交界的懷化地區，流傳「偷吃」風俗。每到中秋這天，家家大門、後門都半掩半開；平時，鄉親們對小偷深惡痛絕，可這天，明知「小偷」進了屋，全家都裝聾作啞，視而不見，且為「小偷」準備豐盛的瓜果、月餅等，「偷吃」越多越高興。

偷瓜送子：貴州省不少地方，流行「偷瓜送子」習俗。要是誰家尚未生小孩，村裡好心的人便在中秋這天趁著明亮的月光，來到地裡，偷摘一個大冬瓜，刻畫出小孩的模樣，再把準備好的小孩衣服套上，用竹籃裝好後敲鑼打鼓抬到這戶人家，受瓜人在招待客人後，將瓜放在床上與妻伴睡一夜，第二天將冬瓜煮熟進食，要是以後懷了孕，受瓜人得好好感謝這群村民。

摸秋：在大別山地區，流行「摸秋」習俗。每到中秋這天，山民們晚飯過後，便三三兩兩，踏著月光，循著香氣，上山或下地「摸秋」。山坡、河谷、叢林、草莽、田間、地頭不是果就是瓜，還有花生、田薯。摸著什麼，就吃個痛快，生吃行，野外烤著吃也行，直到夜深人靜，大家才陸陸續續開心地回家。

搶瓜：浙江省山區流行「搶瓜」習俗。青年和孩子們分別在白天或晚上舉行搶瓜比賽，看誰最先搶到瓜。勝者，意味幸福吉祥，還可得到獎勵。

附：中秋節各地的食俗

中秋節除了吃月餅，還吃些什麼？在中國，儘管大家在中秋節都有賞月、吃月餅的習慣，但由於地大物博，各地都有自己獨特的飲食習慣和風俗，所以，應節食物也各不相同。

四川

四川人過中秋除了吃月餅外，還要打粑、吃麻餅、蜜餅等，四川人也在中秋節殺鴨子。在川西地區，煙燻鴨子是中秋節必備佳品，因那時當年生鴨已長大，肥瘦適宜。人們選當年生的仔鴨，宰殺後褪盡羽毛，開膛取出內臟，洗淨後，去翅尖、鴨腳，加鹽醃漬一夜後，入沸水中略燙至皮緊，撈出抹乾水分，置燻爐中，用稻草煙燻至呈茶色，出爐放入滷鍋中滷熟，食時改刀裝盤，色澤金紅、肉質細嫩、香氣濃郁的煙燻鴨即成。

廣東

潮汕的中秋美食品種頗多，主要可分為三大類：一是糕餅類，潮汕各地月餅，甜的、鹹的、葷的、什錦的、多味的各式各樣種類繁多。還有麵餅、軟糕、雲片糕均為中秋節糕餅，為潮人送親戚之佳品，可說潮汕人送月餅是睦親的習俗；二是中秋季節，天高氣爽正是水果成熟之時，柚、柿、楊桃、鳳梨、石榴、橄欖、香蕉等也是潮人中秋的另一類美食；三是農產的芋頭、南瓜，潮汕人用其製作芋泥、瓜漿也是潮汕人喜歡的。芋頭、糍粑等也是潮汕人中秋必吃的。

浙江

杭州的蓴菜鱸魚燴之所以成為中秋家宴上的菜餚，不僅僅是因為這一時節的蓴菜鱸魚好吃，更是因為晉代張翰借思鄉的「蓴菜、鱸魚」，棄官返回故里的史實，這一故事不僅成為千古美談，並使蓴菜成為思鄉的象徵。蓴菜是中秋家宴和八月時令菜羹。蓴菜又稱馬蹄草、水菜，是水生宿根生葉草植物。蓴菜的根、莖、葉不僅碧綠清香，鮮嫩可口，而且營養豐富。

北京

老北京的傳統月餅有自來紅、自來白和提漿月餅。提漿月餅是指月餅皮表面的一種製作方法，通俗地說，「提漿」就是熬糖漿，另外在麵皮中還要加入一定比例的食油，以發揮酥鬆的作用。這種月餅的特點是皮酥、餡香，深受老北京人的喜愛。菜式上，八月秋高蟹正肥，中秋正是品嘗螃蟹的時節，北京尤其講究品嘗醉蟹。

江蘇

南京人除了中秋節吃月餅外，還必吃金陵名菜桂花鴨。「桂花鴨」於桂子飄香之時應市，肥而不膩，味美可口。酒後則必食小糖芋頭，澆以桂漿，美不待言。桂漿又叫糖桂花，中秋前後採摘，用糖及酸梅醃製而成。江南婦女手巧，把詩中的詠物變為桌上佳餚。南京人闔家賞月稱「慶團圓」，團坐聚飲叫「圓月」，出遊街市稱「走月」。

重陽節：菊花酒、重陽糕

農曆九月初九是中國的重陽節，《易經》中定「六」為陰定「九」為陽，九月九日兩九相重故曰重陽。又因「九九」與「久久」同音，有長久長壽之含意。

有關重陽節的傳說載於梁朝吳均的《續齊諧記》：「汝南桓景，隨費長房遊學累年。長房謂九月九日汝家中當有災，宜急去。令家人各作絳囊，盛茱萸以繫臂，登高飲菊花酒，此禍可除。景如言舉家登山。夕還，見雞犬牛羊一時暴死。長房聞之曰，此可代也。今世人九日登高飲酒，婦人帶茱萸囊，蓋始於此。」費長房乃中醫傳說人物，東漢方士，汝南人。傳說其「能醫重病，鞭笞百鬼，驅使社公」。因此重陽節自古以來便是人們辟邪驅災和祈求高壽的重要節日。

重陽節的節令食品是「菊花酒」和「重陽糕」。重陽糕是一種特製的米粉糖糕，方塊狀，三塊一疊，考究的要做九層，形似小寶塔，含重九登高之意，有的還要做兩隻麵羊，象徵「重陽」。賣重陽糕時，附贈重陽旗。重陽旗是用彩色紙做的小三角旗，上戳許多小孔，有的還印有字或花，用一根細篾子做旗杆，插在糕上。

菊花酒是頭年重陽節時專為第二年重陽節釀製的。重陽這天，採下初開的菊花和一點青翠的枝葉，摻入準備釀酒的糧食中一齊用來釀酒，放至第二年九月九日飲用。菊花酒在古代被看作是可以延年益壽，祛災祈福的重陽必飲瓊漿。《西京雜記》曰：「菊花舒時，並采莖葉，雜黍為釀之，至來年九月九日始熟，就飲焉，故謂之菊花酒。」

中國釀製菊花酒，早在漢魏時期就已盛行。魏時曹丕曾在重陽贈菊給鍾繇，祝他長壽；晉代葛洪在《抱朴子》中記載河南南陽山中人家，因飲了遍生菊花的甘谷水而延年益壽的事；梁簡文帝《採菊篇》中有「相呼提筐採菊珠，朝起露濕沾羅襦」之句，亦採菊釀酒活動的寫照。明清時代，菊花酒中又加入了地黃、當歸、枸杞等中草藥，以增酒之藥效。由於菊花酒能疏風除熱、養肝明目、消炎解毒，故具有較高的藥用價值。現代醫學解釋其可以明目、治頭昏、降血壓，有減肥、輕身、補肝氣、安腸胃、利血。

晚上家家吃重陽酒，時令食品是螃蟹。淮揚地區盛產螃蟹，此時已膏脂飽滿，正是品嘗的好季節。把酒持螯賞菊是文人們重陽節的一大樂事。

冬至：餛飩

冬至，也叫冬節，它是古老的二十四節氣中重要的節氣之一，古時把冬至視為「亞歲」。民諺道：「冬至餛飩夏至麵。」冬至這天，許多地區家家戶戶都要吃餛飩，習俗認為冬至吃了餛飩，冬天不凍耳朵，這當然只是一種牽強附會的說法而已。那麼，古往今來人們為什麼要在冬至這一天吃餛飩呢？

據史料記載，早在南宋時人們就有吃餛飩以祭祖之風俗。那麼，餛飩又是怎樣與祖先連結到一起的呢？

原來，古人將餛飩這種小食，附會於有關混沌的神話。在中國古代神話中，混沌是有關開天闢地神力的一位重要神話傳說人物。《莊子》說，遠古時代，南海的天帝叫倏，北海的天帝叫忽，中央的天帝就叫混沌。倏和忽二位常到混沌那裡去遊玩，混沌招待他們非常殷勤周到。有一天，倏和忽在一塊兒商量怎樣報答混沌。他們說，每個人都有眼、耳、口、鼻，用來看、聽、吃東西等，可是那位好心的混沌卻一竅也沒有，我們不如去替他鑿出七竅來，讓他和我們一樣有眼、耳、口、鼻。於是倏和忽就帶去斧頭和鑿子之類的東西，給混沌開竅。一天鑿一竅，七天鑿了七竅。但是，可憐的混沌經他的朋友這麼一鑿，卻嗚呼哀哉，壽終正寢了。在中國古代神話中，混沌一詞屢見於開天闢地之篇。而開天闢地的人物，必定是受後世敬仰和紀念的祖先，這大概是古人將餛飩與祖先聯繫在一起的緣故吧。

明清時代，江浙人在冬至日已改吃湯圓，而擅長做麵食的北方人仍維持著冬至吃餛飩的習俗。臺灣人在冬至日吃「圓仔湯」。冬至日前夜，家家戶戶要做紅、白兩種米圓，稱之為「冬節圓」。大約在吃過晚飯後，全家老少圍在一張大桌子旁搓圓仔。冬至清晨，家家以煮熟的圓仔湯三碗或五碗供奉廳堂、井頭、灶頭等，並備牲醴祀神。一方面敬神，一方面向祖宗報告冬天的來臨，然後全家吃圓仔湯，意味著團圓和添歲。

臘八節：臘八粥

中國農曆十二月，人們習慣稱為「臘月」。據說秦始皇統一中國以後，下令將每年十二月改稱為「臘月」。《祀記》上面解釋：「蠟者，索也，歲十二月，合聚萬物而索饗之也。」「臘」與「蠟」相似，祭祀祖先稱為「臘」，祭祀百神稱為「蠟」。「臘」與「蠟」都是一種祭祀活動，而多在農曆十二月進行，人們便把十二月稱為臘月了。

臘月是年歲之終，古代農閒的人們無事可做，便出去打獵。一是多弄些食物，以彌補糧食的不足，二是用打來的野獸祭祖敬神，祈福求壽，避災迎祥。臘月裡的民俗很多，其中最重大的節日之一，是十二月初八，古代稱為「臘日」，俗稱「臘八節」。從先秦起，臘八節都是用來祭祀祖先和神靈、祈求豐收和吉祥。據說佛教創始人釋迦牟尼的成道之日也在十二月初八，因此臘八也是佛教徒的節日，稱為「佛成道節」。

臘八節喝臘八粥是中國的傳統習俗，已有一千多年的歷史。相傳，在古印度北部，即今天的尼泊爾南部迦毗羅衛國有個淨飯王，他有個兒子叫喬答摩•悉達多，年輕時就痛感人世生、老、病、死的各種苦惱，發覺社會生活徒勞無益，並對婆羅門教的神權極為不滿，於是，在他二十九歲那年，捨棄王族的豪華生活，出家修道，學練瑜珈，苦行六年，大約在西元前五二五年，一天，他在佛陀伽耶的一株菩提樹下，徹悟成道，並創立了佛教。史傳，這一天正是中國的農曆十二月初八日，由於他是釋迦族人，後來佛教徒們尊稱他是釋迦牟尼，也即是釋迦族聖人的意思。

據說在釋迦牟尼成佛之前，曾經修苦行多年，餓得骨瘦如柴，決定不再苦行。這時遇見一個牧女，送他乳糜食用。他吃了乳糜，恢復了體力，便端坐在菩提樹下入定，於十二月八日成道。夏曆以十二月為臘月，所以十二月八日稱作臘八。中國漢族地區，將這一天作為釋迦牟尼的成道日，於是臘八成了佛教節日。

佛教傳入中國後，各地興建寺院，煮粥敬佛的活動也隨之盛行起來，尤其是到了臘月初八，祭祀釋迦牟尼修行成道之日，各寺院都要舉行誦經，並效法佛成道前牧女獻乳糜的傳說故事，用香穀和果實等造粥供佛，名為臘八粥。這便是臘八粥的來歷。

早在宋代，每逢十二月初八日，東京開封各大寺院都要送七寶五味粥，即「臘八粥」。宋代孟元老《東京夢華錄》記載，十二月初八日，「諸大寺作浴佛會，並送七寶五味粥與門徒，謂之『臘八粥』。都人是日各家亦以果子雜料煮粥而食也」。「臘八粥」又稱「佛粥」。宋代大詩人陸游詩中說：「今朝佛粥更相饋，反覺江村節物新。」也說的是臘八送粥之事。

臘八粥不僅為僧侶享用，民間也很盛行。元、明、清沿襲這一食俗，清代最為盛行。在清代宮廷，皇帝、皇后、皇子等都要向文武大臣、侍從宮女賜臘八粥，並向各個寺院發放米、果等供僧侶食用。在民間，家家戶戶也要做臘八粥，祭祀祖先；同時，闔家團聚在一起食用，饋贈親朋好友。著名的雍和宮臘八粥，除了江米、小米等五穀雜糧外，還加有羊肉丁和奶油，粥面撒有紅棗、桂圓、核桃仁、葡萄乾、瓜子仁、青紅絲等。

中國各地臘八粥的花樣，爭奇競巧，品種繁多。其中以老北京的最為講究，加在白米中的物品較多，如紅棗、蓮子、核桃、栗子、杏仁、松仁、桂圓、榛子、葡萄、白果、菱角、青絲、玫瑰、紅豆、花生……總計不下二十種。人們在臘月初七的晚上，就開始忙碌起來，洗米、泡果、撥皮、去核、精揀。然後在半夜時分開始煮，再用微火燉，一直燉到第二天的清晨，臘八粥才算熬好了。更為講究的人家，還要先將果子雕刻成人形、動物、花樣，再放在鍋中煮。比較有特色的就是在臘八粥中放上果獅。果獅是用幾種果子做成的獅形物，用剔去棗核烤乾的脆棗作為獅身，半個核桃仁作為獅頭，桃仁作為獅腳，甜杏仁用來作獅子尾巴。然後用糖黏在一起，放在粥碗裡，活像頭小獅子。如果碗較大，可以擺上雙獅或是四頭小獅子。更講究的，就是用棗泥、豆沙、山藥、山楂糕等具備各種顏色的食物，捏成八仙人、老壽星、羅漢像。這種裝飾的臘八粥，只有在以前的大寺廟的供桌上才可以見到。臘八粥熬好之後，要先敬神祭祖。之後要贈送親友，一定要在中午之前送出去。最後才是全家人食用。吃剩的臘八粥，保存著吃了幾天還有剩下來的，卻是好兆頭，取其年年有餘的意義。如果把粥送給窮苦的人吃，那更是為自己積德。

臘八粥在民間還有巫術的作用。假如院子裡種著花卉和果樹，也要在枝幹上塗抹一些臘八粥，相信來年多結果實。臘八這一天，除了祭祖敬神外，人們還要逐疫。

這項活動來源於古代的儺（古代驅鬼避疫的儀式）——史前時代的醫療方法之一，即驅鬼治疾。作為巫術活動的臘月擊鼓驅疫之俗，今在湖南新化等地區仍有留存。

附：臘八節各種美食臘八豆腐

「臘八豆腐」是安徽黟縣民間風味特產，在春節前夕的臘八，即農曆十二月初八前後，黟縣家家戶戶都要晒製豆腐，民間將這種自然晒製的豆腐稱作「臘八豆腐」。

翡翠碧玉臘八蒜

泡臘八蒜是北方、尤其是華北地區的一個習俗。顧名思義，就是在陰曆臘月初八的這天來泡製蒜。其實材料非常簡單，就是醋和大蒜瓣兒。做法也是極其簡單，將剝了皮的蒜瓣兒放到一個可以密封的罐子、瓶子之類的容器裡面，然後倒入醋，封上口放到一個冷的地方。慢慢地，泡在醋中的蒜就會變綠，最後會變得通體碧綠的，如同翡翠碧玉。

煮「五豆」

有些地方過臘八煮粥，不稱「臘八粥」，而叫做煮「五豆」，有的在臘八當天煮，有的在臘月初五就煮了，還要用麵捏些「雀兒頭」，和米、豆（五種豆子）同煮。據說，臘八人們吃了「雀兒頭」，麻雀頭痛，來年不危害莊稼。煮的這種「五豆」，除了自食，也贈親鄰。每天吃飯時弄熱搭配食用，一直吃到臘月二十三，象徵年年有餘。

臘八麵

中國北方一些不產或少產大米的地方，人們不吃臘八粥，而是吃臘八麵。隔天用各種果、蔬做成臊子，把麵條做好，到臘月初八早晨全家吃臘八麵。

小年：糖瓜

小年是漢族的傳統節日，也被稱為祭灶節，在不同的地方日期不同，北方為臘月二十三，南方為臘月二十四。民間還有「官三、民四、家五」的說法，也就是官府在臘月二十三，老百姓在二十四，水上人家在二十五舉行祭灶。

在中國的民間諸神中，灶神的資格算是很老的。早在夏代，他已經是民間所尊奉的一位大神了。據古籍《禮記・禮器》孔穎達疏：「顓頊氏有子曰黎，為祝融，祀為灶神。」《莊子・達生》記載：「灶有髻。」司馬彪注釋說：「髻，灶神，著赤衣，狀如美女。」

祭灶是一項在中國民間影響很大、流傳極廣的習俗。舊時，差不多家家灶間都設有「灶王爺」神位。人們稱這尊神為「東廚司命」、「司命菩薩」或「灶君司命」，傳說他是玉皇大帝封的「九天東廚司命灶王府君」，負責管理各家的灶火，被作為一家的保護神而受到崇拜。灶神龕大都設在灶房的北面或東面，中間供上灶神的神像。沒有灶神龕的人家，也有將神像直接貼在牆上的。

小年是民間祭灶的日子。據說灶神自上一年的除夕以來就一直留在家中，以保護和監察一家；到了臘月二十三日，灶神便要升天返回天庭，去向玉皇大帝彙報這一家人的善行或惡行。玉皇大帝便根據灶神的彙報，再將這一家在新年中應該得到的吉凶禍福交於灶神之手。因此，對一家人來說，灶神的彙報實在具有重大利害關係。

請灶神吃吃喝喝，賄賂灶神，讓他醉飽上天，不要議論人間短長，回來時最好帶些錢財來分分。祭灶不僅是為了免災，更重要的是為了祈福。祭灶多在黃昏入夜之時舉行。一家人先到灶房，擺上桌子，向設在灶壁神龕中的灶王爺敬香，並供上祭灶果。祭灶果有紅球、白球、麻球、油果、寸金糖、芝麻糖、黑白交均糖等，或八色，或十二色，吃到嘴裡都是又甜又黏。供畢，將貼了一年的「九天東廚司命灶君」神像揭下，用稻草為灶神紮一草馬，為了讓他「上天言好事，回宮降吉祥」，還要用一塊黏稠的糖瓜或者是糕黏在他嘴上，以使其「嘴甜」只能說好事，然後和草馬一起燒掉。這個過程被稱為辭灶。儀式結束後，人們開始食用灶糖等祭灶食品，有的地方還要吃糖糕、油餅，喝豆腐湯。

到了年三十夜，要再把灶神接回家來，即將新購來的灶神神像貼到灶臺上。因灶神下界先要清點名冊，所以家庭成員都要回家過年，以祈求灶神降吉祥於全家人。而在中間這幾天內，民間認為諸神上了天，百無禁忌。嫁娶都不用擇日子，稱為趕亂婚。直至年底，舉行結婚典禮的特別多。民謠有「歲晏鄉村嫁娶忙，宜春帖子逗春光。燈前姊妹私相語，守歲今年是洞房」的說法。由於沒有灶神的監督，一般人放量暴飲暴食、聚眾賭博，放縱自己做一些自己平時也認為不應該犯的小過錯。

除夕：年夜飯

除夕，是農曆十二月三十日（小月廿九）的晚上。意思是這個晚上，「月窮歲盡」，人們都要除舊佈新。

舊俗除夕之夜，在敬祭天地祖先後，全家團聚吃「年夜飯」，稱為「闔家歡」、「團年飯」。這一天，離家在外的遊子都要不遠千里萬里趕回家來，全家人要團坐在一起過年吃團圓飯。有時實在不能回家時，家人們也總是為他留一個位子，留一副碗筷，表示與他團聚。

江南人家吃年夜飯，桌上四冷盆、四熱炒，一暖鍋。年夜飯餐桌上必備一碗炒青菜或蹋菜，青翠碧綠，名為「長庚菜」；有的還備上落蘇（茄子）菜。落蘇菜以風乾茄子和其他蔬果烹成，吃年夜飯時大家動筷第一口先要品嘗的就是這個菜。因吳儂語的「落」與

「樂」諧音。

春節期間的飲食一般都喜歡取吉利的用語。比如蘇杭一帶，年夜飯裡蛋餃是不可少的，它象徵「金銀元寶」，同時還有道菜是肉炒筍絲，叫做「絲絲齊齊」，蘊含事事遂意、樣樣齊備之意。此外，還要上一盤胖頭魚，但只吃中段留頭尾部，這叫「有頭有尾」，寓意做事善始善終，一年到頭，家事盛旺。

除夕食俗，北方吃餃子。守歲時包，子時辭歲時吃，稱為「更年交子（餃子）」。餃子中，有的餡裡放糖，用意是吃了新年日子甜美；有的餡裡放花生（稱長生果），用意是吃了人可長壽；有一顆餃子中放一枚硬幣，用意是誰吃到了就「財運亨通」。有的地方喜歡把麵條和餃子同煮，叫做「金絲穿元寶」。北方人除夕包餃子，講究皮薄、餡足、捏得緊，包時不許捏破，下鍋不許煮爛。

不少地方在吃年飯的時候還搭配些副食品，也是要想討個吉利的口彩。吃棗（春來早），吃柿餅（事如意），吃杏仁（幸福來），吃豆腐（全家福），吃三鮮菜（三陽開泰），吃長生果（長生不老）等。

除夕夜，江蘇各地農村家家「畫米囤」，即用漏孔小蒲包內裝石灰粉，在糧囤周圍以及戶外四周地面上，列印出密密的石灰印子（元寶形或矢戟形），以示財產首先是糧食得到安全保護。

除夕「一夜連兩年」，吃過年夜飯，一家人圍坐在爐邊桌旁，剝橘子，吃花生，叫做「守歲」。最後兒童向長輩辭歲，長輩給兒童發「壓歲錢」。有些地方做長輩的在除夕深夜把橘子、荔枝等果品置於小孩睡了的床頭枕畔，名為「壓歲果」，好讓小孩年初一早晨醒時，獲得新春的歡樂。

海鴿文化出版圖書有限公司
Seadove Publishing Company Ltd.

作者　君淮
美術構成　騾賴耙工作室
封面設計　斐類設計工作室
發行人　羅清維
企畫執行　林義傑、張緯倫
責任行政　陳淑貞

古學今用 161
千古食趣

出版　海鴿文化出版圖書有限公司
出版登記　行政院新聞局局版北市業字第780號
發行部　臺北市信義區林口街54-4號1樓
電話　02-27273008
傳真　02-27270603
e - mail　seadove.book@msa.hinet.net

總經銷　創智文化有限公司
住址　新北市土城區忠承路89號6樓
電話　02-22683489
傳真　02-22696560
網址　www.booknews.com.tw

香港總經銷　和平圖書有限公司
住址　香港柴灣嘉業街12號百樂門大廈17樓
電話　（852）2804-6687
傳真　（852）2804-6409

出版日期　2023年05月01日　二版一刷
定價　340元
郵政劃撥　18989626戶名：海鴿文化出版圖書有限公司

國家圖書館出版品預行編目資料

千古食趣／君淮著--
一版，--臺北市 ： 海鴿文化，2023.05
面 ；　公分. －－（古學今用；161）
ISBN 978-986-392-486-9（平裝）

1. 飲食風俗　2. 中國

538.782　　112003493

Seadove

Seadove